쉬운 EASY
김쌤이 알려주는
통기타에 올인하다

김기덕 편저

일신서적출판사

CONTENTS

제1장

연주를 시작하기 전에

① 악기 고르기

여러 가지 바디 형태가 있지만, 가장 많이 사용하는 D바디, OM바디 그리고 컷 어웨이 기타에 대해 알아보겠습니다.

● D바디 기타

'드레드넛 바디'는 통기타의 대표적인 형태이며 울림이 좋고, 저음역대와 고음역대의 밸런스가 이상적입니다.

바디의 크기가 큰 편이라 초등학생이나 체구가 작은 분들은 연주에 불편함이 있을 수 있습니다.

● OM바디 기타

'오디토리엄 바디'라고 하며, D바디에 비해 전체적으로 크기가 작지만 풍부하고 균형 잡힌 사운드를 갖고 있어 가장 많은 연령층이 찾는 바디 형태입니다.

● 컷어웨이 기타

컷어웨이 기타는 바디의 한쪽이 잘려나간 것처럼 되어있어서 높은 프렛을 연주하기 좋습니다. 컷어웨이는 별도의 바디 형태가 아닌 D바디(컷어웨이), OM바디(컷어웨이) 와 같은 형태로 만들어집니다.

● 악기 선택 가이드

1. 시각적으로 마음에 드는 악기를 선택하자

시각적으로 마음에 드는 악기를 선택해야 연습도 기분 좋게 할 수 있습니다. 자주 만지고 연습하려면, 시각적 만족이 가장 우선이 아닐까요?

2. 연습용 악기

'연습용 기타'라는 홍보문구가 붙어있는 악기가 많이 있는데, 보통 이런 악기들은 많이 판매되는 악기들입니다. 기타를 판매하는 회사에서는 연습을 목적으로 한 악기를 판매하는 것이 아닌, 소비자를 위해 저렴한 악기를 판매하는 것입니다.

악기는 나무의 종류나 하드웨어의 품질, 제작 기술에 따라 가격대가 형성되기 때문에 '연습용 악기'라고 홍보되는 악기들도 좋은 악기들이 많이 있습니다.

3. 악기의 교체 시기

악기의 교체 시기는 정해져있지 않습니다. 악기에 문제가 생기지 않는 이상 반영구적으로 사용하며, 더 좋은 악기를 사용하고 싶거나 다른 마음에 드는 악기가 생겼을 때 악기를 바꾸는 것이 일반적입니다. 기타를 계속 연주하다 보면 좋은 소리의 기준이 생기게 되며, 이때 악기를 바꾸는 경우도 있습니다.

4. 중고 악기 구입

악기에 대한 지식이 없는 상태에서 중고 악기 구입은 독이 될 수 있습니다. 간혹 중고 악기 판매자가 악기에 대한 지식이 없는 경우 악기에 무슨 문제가 있는지 판단을 못하는 경우가 있습니다. 실제 중고 악기 구입 후 수리비용으로 악기 구입 금액의 절반을 지출하는 일도 있습니다.

***도움말** 중고 악기 구입 시 주의할 점

1. 바디와 넥의 접합부가 떨어져있지 않은가?
이 부분이 조금이라도 벌어지기 시작했다면, 머지않아 수리가 필요하게 됩니다.

2. 기타 바디 앞면(상판) 나무가 평평한가?
사운드홀이 있는 바디의 상판 나무는 브릿지에 줄이 고정되어 당겨지고 있는 상태라서 브릿지 부분 상판이 위로 올라오며 굴곡이 생기는 경우가 있습니다.

3. 지판 위에 박혀있는 프렛의 상태를 꼭 확인하자.
프렛은 기타를 연주하는 과정에서 줄과 닿아 조금씩 닳게 됩니다. 많은 연주로 인해 특정 위치가 닳아있거나 충격으로 인해 찍힘이 발생하는 경우도 있습니다. 프렛도 교체가 가능하지만, 수리비가 새 악기를 사는 것만큼 많이 발생할 수 있습니다.

 **기타의 부분별 명칭**

기타는 크게 헤드(Head), 넥(Neck), 바디(Body)로 나뉘며, 자세한 부분별 명칭을 알아보겠습니다.

각 부분별 역할

- 줄감개 : 줄감개를 돌려 줄을 감거나 풀어 각 줄의 음정을 조절합니다.

- 너트 : 현장을 결정하는 중요한 요소이며, 줄이 지판으로부터 적절한 높이로 떠있게 해주는 역할을 합니다.

- 프렛 : 기타에서 음정을 결정하는 역할을 하고 있으며, 표면의 모양 및 재질에 따라 음색의 차이가 발생합니다.

- 브릿지 : 줄의 진동을 바디로 전달하는 역할을 하며, 줄을 고정하는 역할을 합니다.

- 새들 : 브릿지 위에서 너트와 같은 역할을 하는 장치이며, 기타에 고정되어 있지 않아서 줄 교체 시 분실의 우려가 있습니다.

❸ 지판 위의 음정

지판에서 한 칸은 1프렛이라고 말하며, 피아노 건반과 동일하게 기타에서의 온음은 2프렛 간격, 반음은 1프렛 간격입니다.

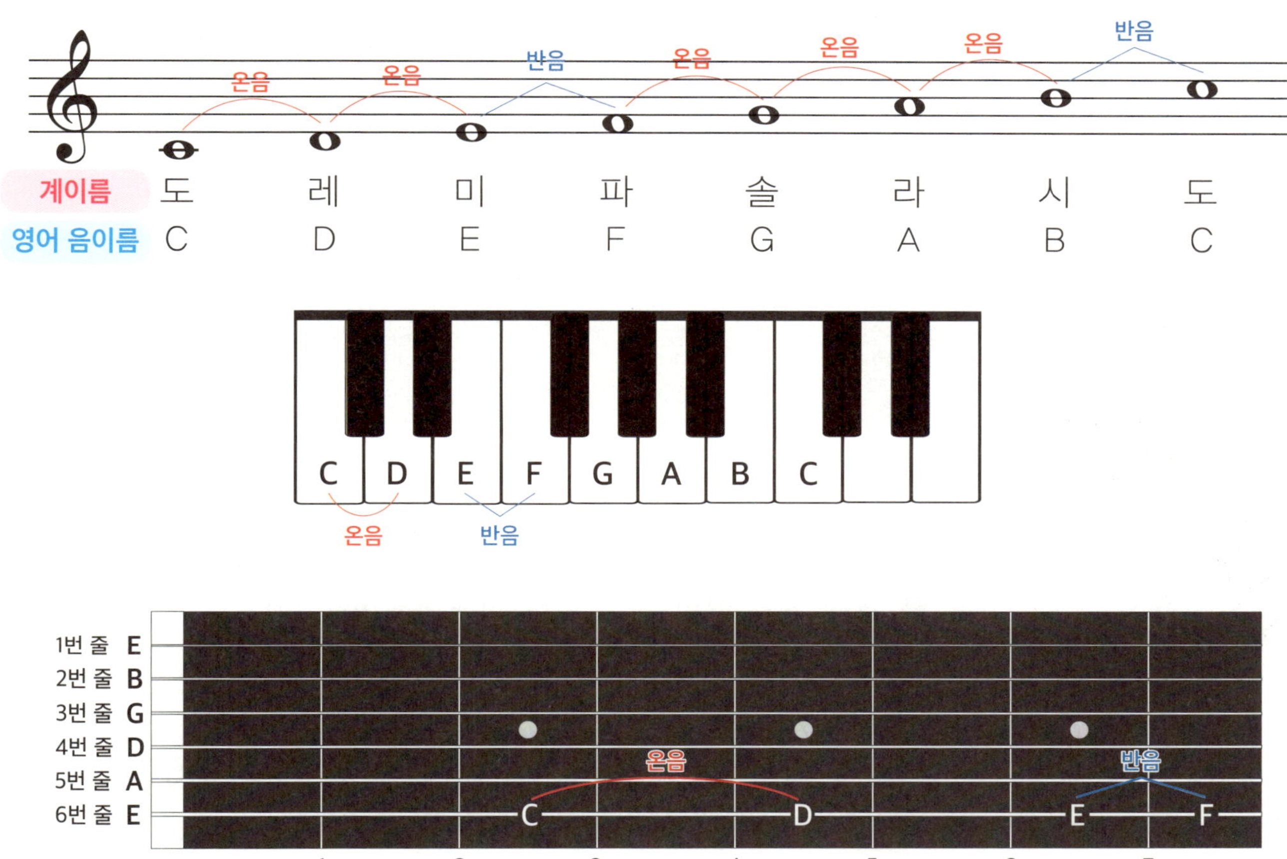

● 지판 위의 음정

기타의 프렛간 간격은 반음 간격으로 되어 있으며, 개방현부터 12프렛까지의 간격이 한 옥타브입니다.

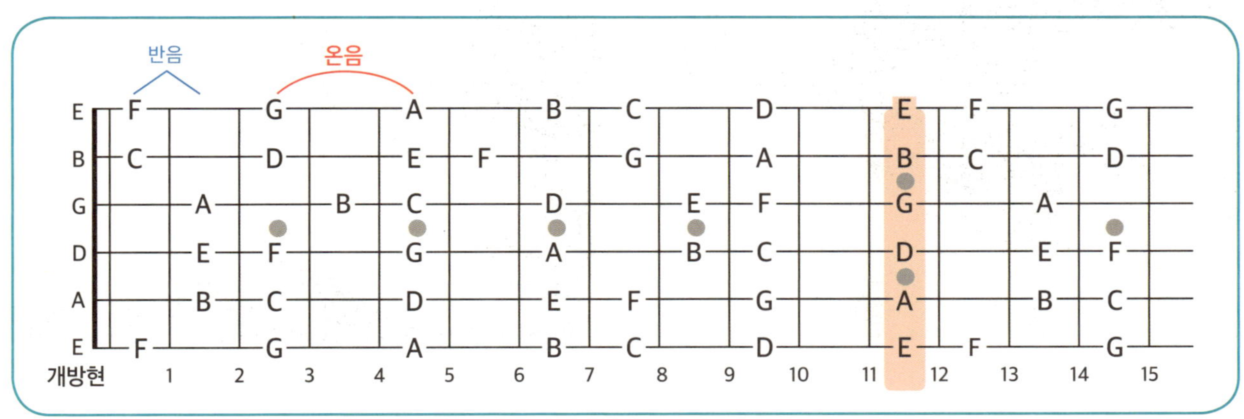

4 조율하기(Tuning)

기타에서 '조율'은 줄의 음정을 바르게 맞추는 것을 말하며 영어로는 '튜닝(Tunning)'이라고 합니다. 기타를 연주하기 전에는 항상 조율이 제대로 되어 있는지 확인해야 합니다. 만약 튜닝을 하지 않고 연습을 하면 잘못된 음정의 소리가 귀에 익숙해질 수 있으니 조심하세요. 미세하게 틀어진 음정은 많이 티가 나지 않으므로 꼭 튜너(Tuner)를 사용해 조율하는 것을 권장합니다.

클립형 튜너는 기타의 헤드 부분을 클립으로 집어서 사용합니다. 기타는 가장 두꺼운 줄인 6번 줄부터 E-A-D-G-B-E 순으로 조율합니다.

튜닝할 때는 가장 먼저 두 가지만 기억하시면 됩니다.
예를 들어 6번 줄을 튜닝한다고 했을 때,

첫째, 음정을 올릴 때는 오른손으로 6번 줄을 일정한 세기로 계속 튕겨주면서 왼손은 줄감개를 잡고 튜너의 액정을 보며 줄감개를 조금씩 돌리며 튜닝합니다.

둘째, 음정을 낮출 때는 줄을 많이 풀어준 후, 오른손으로 줄을 당겨 줄감개에 감긴 줄이 자리를 잡을 수 있게 해주면서 왼손으로 줄감개를 조금씩 감으며 튜닝합니다.

오른손은 조율할 줄을 일정한 세기로 계속 퉁겨주고, 왼손은 줄감개를 아주 조금씩 돌려주며 튜닝합니다.

튜닝이 완료된 후 줄감개 손잡이 부분의 나사를 조여주면 튜닝이 흐트러지지 않습니다.

5 피크 고르기

기타 피크는 크게 3종류로 나뉘며, 다양한 컬러와 두께의 피크들이 있습니다.

트라이앵글 피크

스탠다드 피크

핑거 피크(손가락에 끼워서 사용)

- 트라이앵글 피크 : 3면을 모두 사용할 수 있으며, 통기타를 연주할 때 많이 사용합니다.
- 스탠다드 피크 : '물방울형 피크'라고도 하며, 주로 일렉기타 연주에 사용합니다.
- 핑거 피크 : 아르페지오를 연주하거나 클래식 기타를 연주할 때 사용합니다.

● 피크 잡는 법

피크를 잡을 때는 오른손 엄지와 집게손가락의 손톱 부분이 서로 마주 보게 잡아야 합니다. 처음에는 오른손으로 피크를 잡는 것이 익숙하도록 만드는 것이 중요하며 손에 잡는 것이 익숙해지면 피크를 잡은 손끝에만 피크를 놓치지 않을 정도로 약간의 힘을 주어 연주합니다.

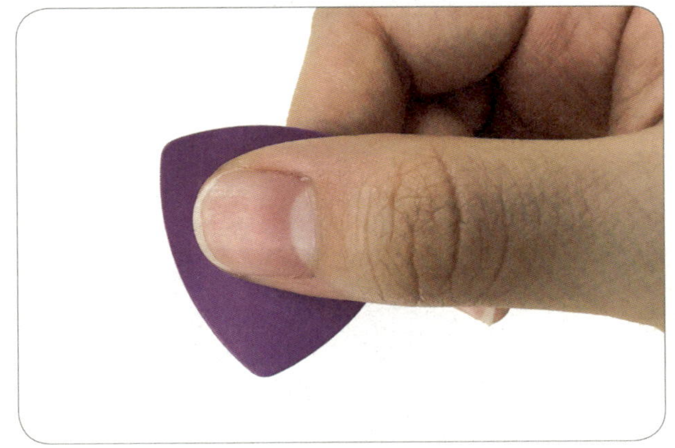

올바르게 잡은 모습

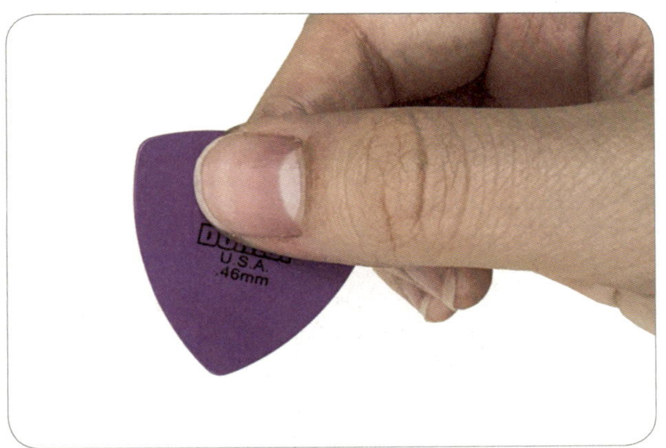

잘못 잡은 모습

*도움말

여러 가지 피크를 사용해 보고 본인 손에 적합한 피크를 선택하는 것이 중요합니다.

⑥ 연주 자세

● 올바른 자세

본 교본에 있는 모든 코드 손 사진은 아래와 같은 자세로 잡은 사진입니다.

1. 기타를 오른쪽 다리에, 몸에 최대한 밀착해서 올려놓는다.

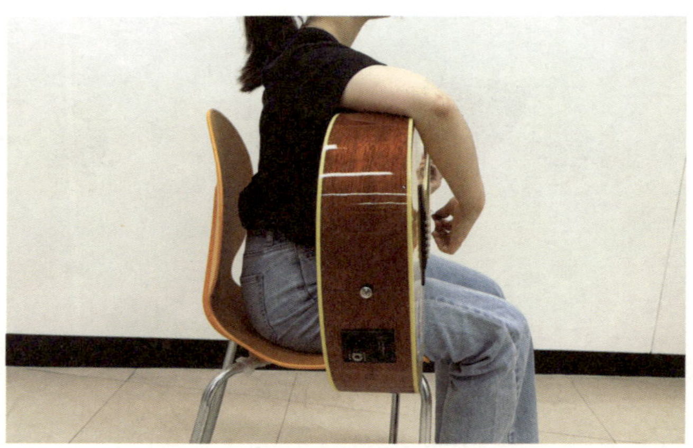

2. 허리를 펴고 정면을 바라본다.

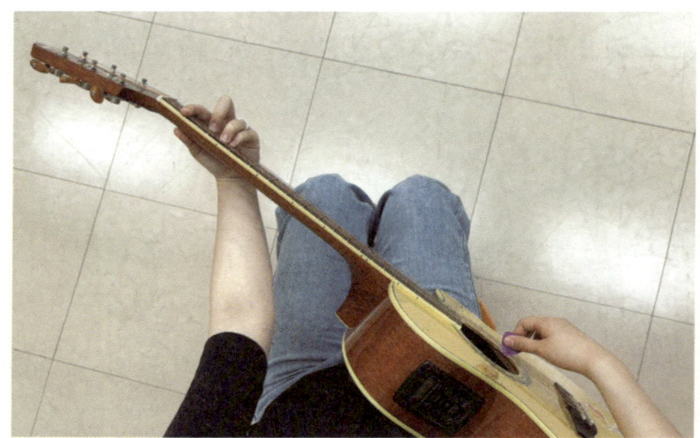

3. 정면을 바라본 상태에서 악기의 앞면이 오른쪽 대각선을 향하도록 잡는다.

● 잘못된 자세

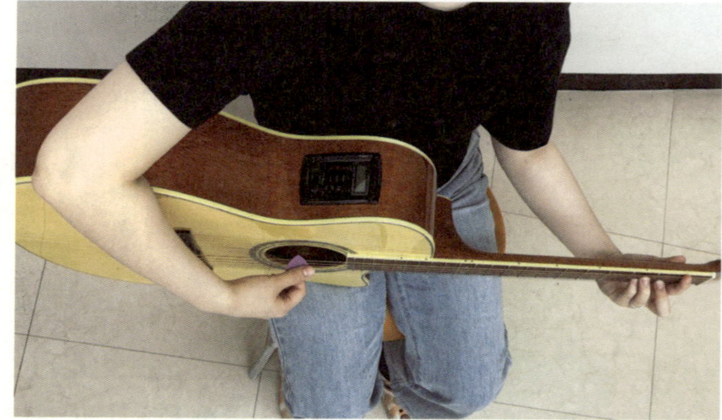

기타의 넥을 잡은 왼손을 몸 쪽으로 당기면, 코드를 잡을 때 손가락의 움직임이 둔해집니다.

⑦ 코드표 & 리듬 악보 보는 법

코드표와 리듬만 볼 줄 안다면 코드 연주를 쉽게 할 수 있습니다.

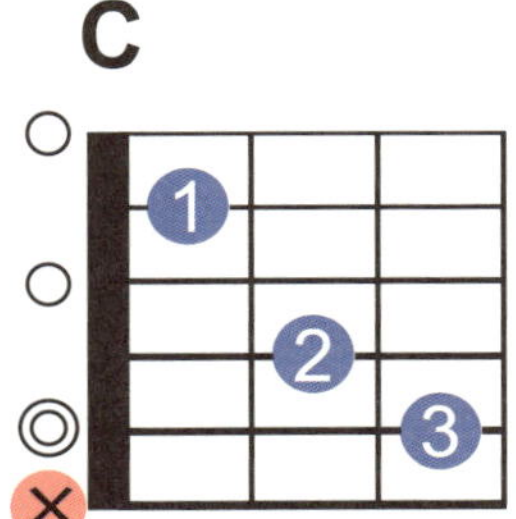

코드표는 기타의 지판을 표처럼 만들고, 그 위에 코드별로 손가락이 눌러야 하는 위치를 표기해 놓은 것입니다. 손가락 번호에 맞춰 코드를 잡아 보세요.

→ 소리가 나지 않도록 뮤트(mute)합니다.

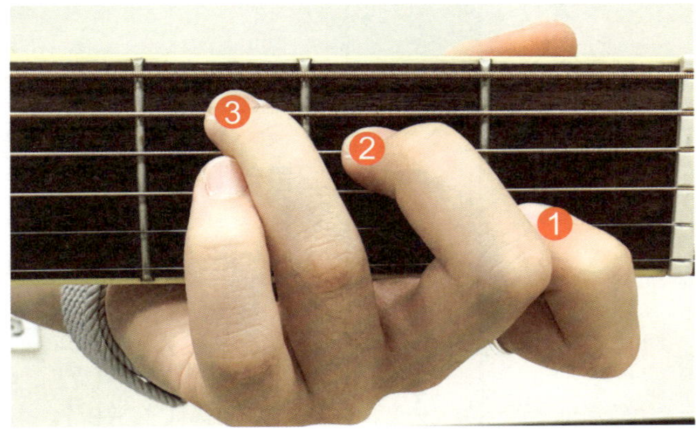

C코드

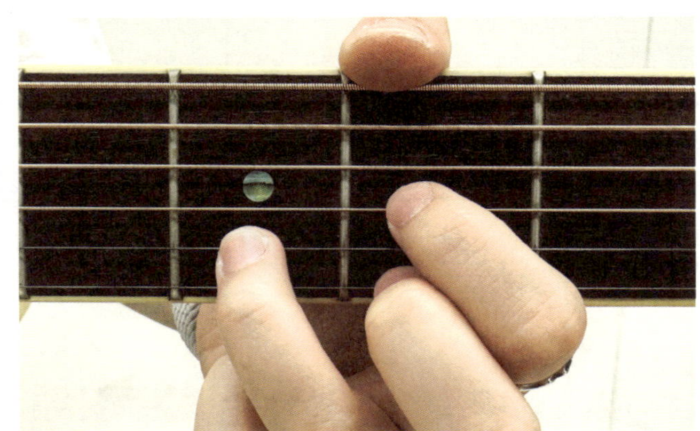

D코드

● 리듬 악보 보는 법

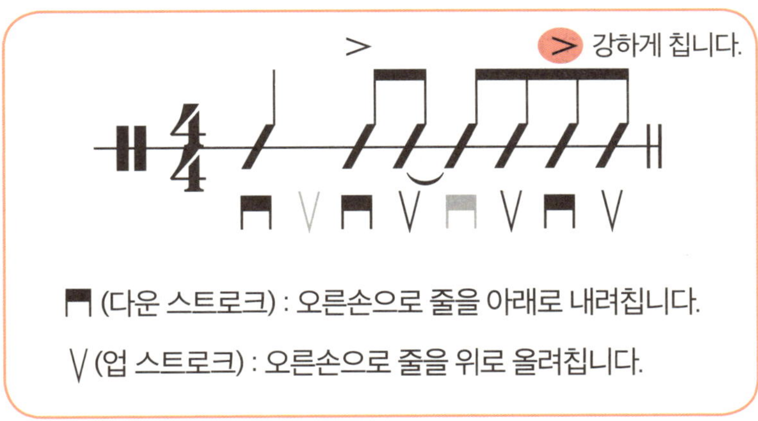

리듬 악보는 한 마디 단위로 표기하며, 리듬이 두 마디 패턴으로 진행되는 경우 두 마디로 표기하기도 합니다.

리듬 악보의 음표 아래에 ▉, ∨ 기호가 있습니다. ▉ 표시는 오른손으로 줄을 아래쪽을 향해 내려치라는 표시이고, ∨표시는 오른손으로 줄을 위쪽을 향해 올려치라는 표시입니다.

⑧ 음표와 쉼표

음표	이름	박	길이	쉼표	이름	박
𝅝	온음표	4박		▬	온쉼표	4박 쉬기
𝅗𝅥.	점2분음표	3박		▬.	점2분쉼표	3박 쉬기
𝅗𝅥	2분음표	2박		▬	2분쉼표	2박 쉬기
♩.	점4분음표	1박 반		𝄽.	점4분쉼표	1박 반 쉬기
♩	4분음표	1박		𝄽	4분쉼표	1박 쉬기
♪.	점8분음표	반박 반		𝄾.	점8분쉼표	반박 반 쉬기
♪	8분음표	반박		𝄾	8분쉼표	반박 쉬기
𝅘𝅥𝅯	16분음표	반의 반박		𝄿	16분쉼표	반의 반박 쉬기

❾ 많이 사용되는 코드 & 카포 사용 법

① 메이저

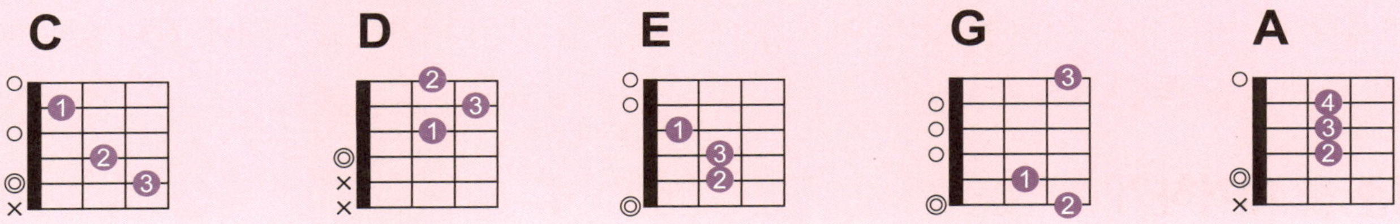

C   D   E   G   A

② 마이너

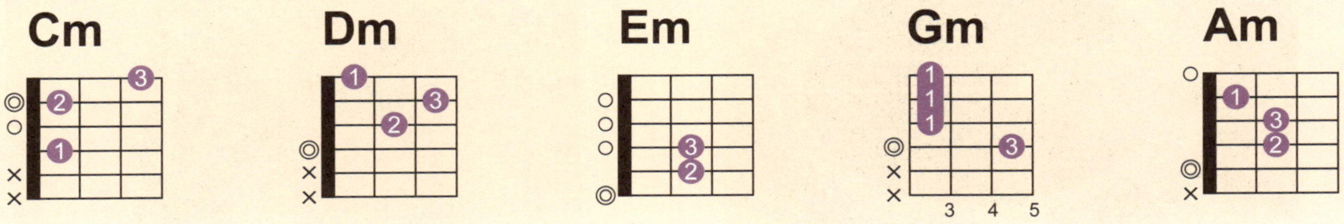

Cm   Dm   Em   Gm   Am

③ 세븐

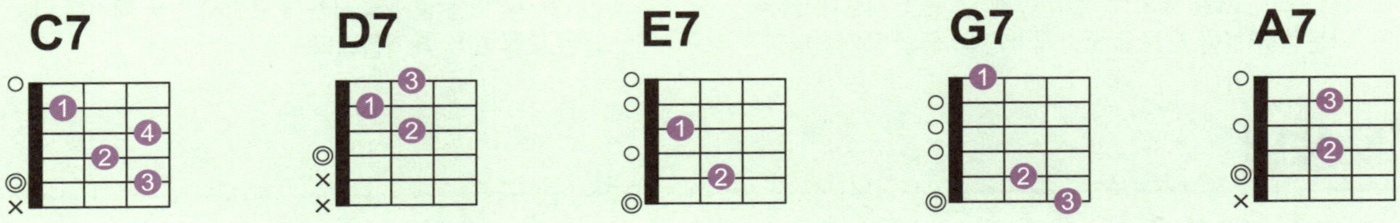

C7   D7   E7   G7   A7

④ 메이저 세븐

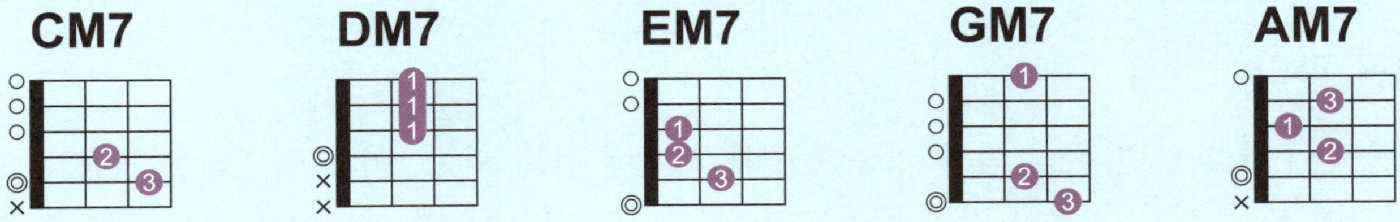

CM7   DM7   EM7   GM7   AM7

● 카포

카포는 기타의 전체 음정을 올릴 때 사용하며, 잡기 어려운 코드들을 쉽게 바꾸어 연주할 때 사용하기도 합니다. 카포는 통기타, 클래식 기타, 일렉기타 등 기타의 종류에 따라 맞는 카포를 선택하여 사용해야 합니다.

악보의 상단에 'Capo : 3fr'이라고 표기되어 있으면 기타의 3프렛에 카포를 장착하고 연주합니다.

⑩ 줄 교체하기(줄 감는 법)

줄을 교체할 때는 기존의 줄을 한 줄씩 교체하는 것이 기타의 컨디션 유지에 좋지만 한 번 줄을 교체할 때 이외에는 지판을 닦기 어렵기 때문에 줄을 모두 제거하고 지판에 묻어 있는 때를 제거해 주는 것도 좋습니다.

● 기존 줄 제거하기

줄이 느슨해질 정도로 풀어준 후 공구를 사용해 줄의 가운데 부분을 자르고 줄감개 부분의 줄을 제거합니다.

핀 리무버 또는 공구를 사용해 브릿지 핀을 제거한 다음 남은 줄을 모두 제거합니다.

*도움말

브릿지 핀(엔드핀)은 보통 플라스틱 재질이기 때문에 오래된 악기일 경우 브릿지 핀을 제거하는 과정에서 파손될 수 있으므로 주의하세요(이것은 가까운 악기점에서 쉽게 구매할 수 있습니다).

● 지판 관리

기타를 연주하고 나면 손의 땀과 기름이 줄과 지판에 묻게 되고, 이것이 프렛을 녹슬게 하거나 지판에 찌든 때처럼 검게 쌓이게 됩니다. 지판 관리제는 오염물 제거와 습도 유지를 도와줍니다.

먼저 마른 천으로 지판 위의 먼지와 가벼운 오염물을 제거합니다.

칫솔이나 부드러운 천에 지판 관리제를 묻혀 지판을 닦아줍니다.

● 새 줄 끼우기

기타 줄은 제조사, 두께, 재질 등에 따라 많은 종류가 있으며 처음 배울 때는 얇은 두께의 줄을 사용하면 줄을 누르는 손가락이 덜 아플 수 있습니다. 줄이 깔끔하게 감기지 못하고 엉키게 되면 튜닝(조율)하는 과정에서 줄이 풀렸다 감겼다 할 때 자유롭게 움직이지 못해 튜닝의 안정성이 떨어질 수 있습니다.

줄의 한쪽 끝에 추 같은 것이 달려있습니다. 그 부분을 브릿지 부분 홀에 넣고 핀을 끼운 후 줄을 당겨주어 잘 고정될 수 있도록 합니다.

줄을 끼울 헤드머신(페그)로부터 3Cm 정도 여분을 주고, 안쪽에서 바깥으로, 처음 끼워진 줄의 아래쪽으로 감아줍니다.

잘 감긴 예

잘못 감긴 예

● 줄 교체에 사용되는 공구

아래의 공구들은 편의를 위한 것으로 스트링 커터(니퍼)만 있어도 줄 교체가 가능합니다.

브릿지 핀 리무버

스트링 커터(니퍼)

스트링 와인더

브릿지 핀을 제거할 때 사용합니다.

기존 줄 제거 및 줄을 감고 난 후 남은 줄을 자를 때 사용합니다.

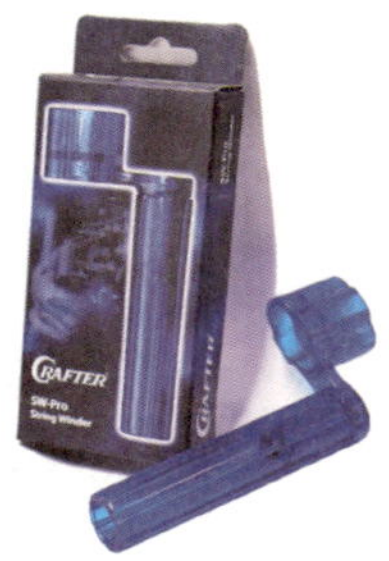

헤드머신(줄감개)에 줄을 감을 때 사용합니다.

제2장

연주하면서 익히는 코드와 리듬

① A코드와 E코드

● A코드의 운지

● A코드를 잡은 올바른 손 모양

A코드는 2프렛에 3개의 손가락이 들어가므로 최대한 손가락을 붙여서 잡는 것이 좋습니다.

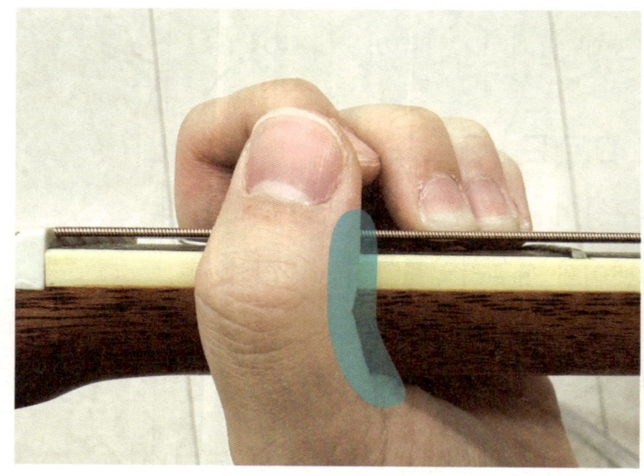

위에서 본 손 모양

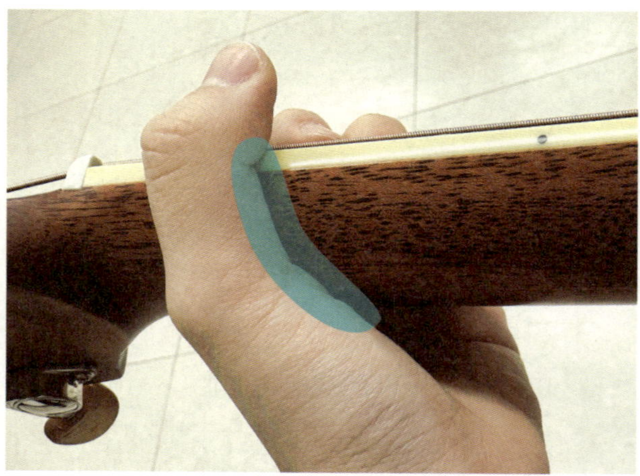

넥 뒤쪽의 손 모양

4번 손가락 쪽 손바닥은 넥에 닿지 않게 잡습니다.

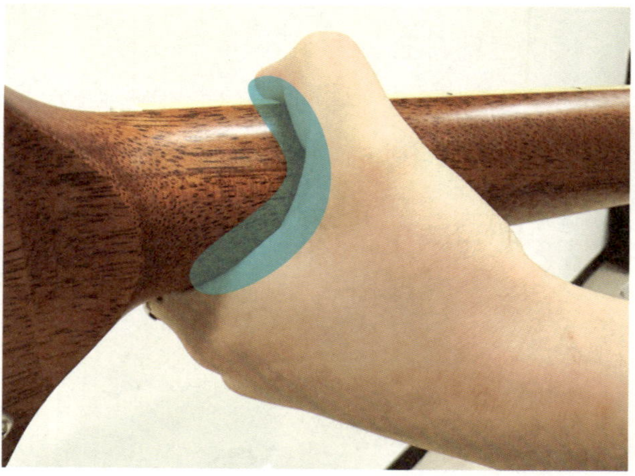

엄지와 검지 부분으로 넥 뒤쪽을 감싸듯이 잡습니다.

● E코드의 운지

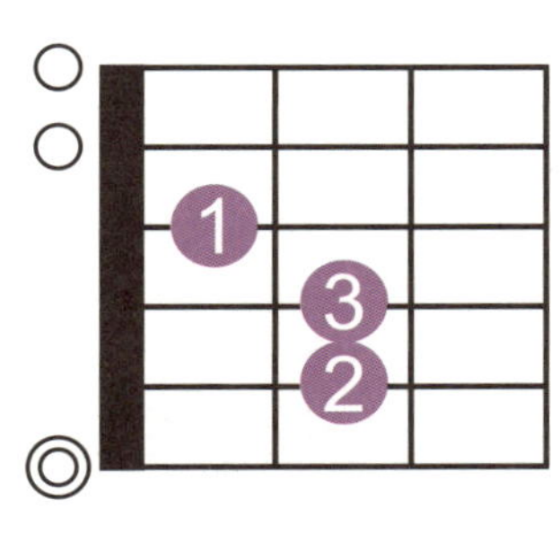 

● E코드를 잡은 올바른 손 모양

E코드는 가볍게 넥을 감싸 쥐듯이 잡습니다.

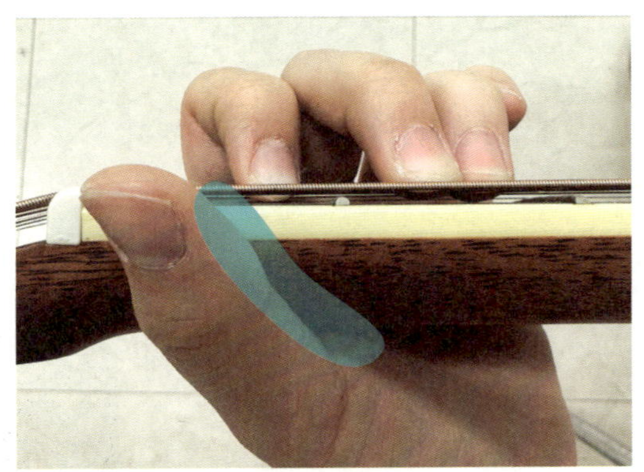

위에서 본 손 모양

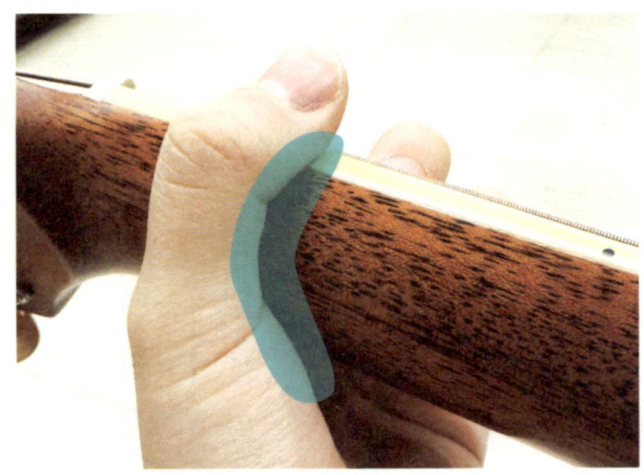

넥 뒤쪽의 손 모양

4번 손가락 쪽 손바닥은 넥에 닿지 않게 잡습니다.

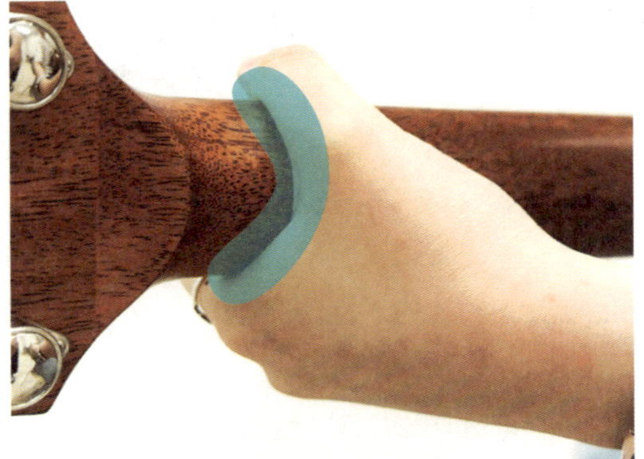

엄지와 검지 부분으로 넥 뒤쪽을 감싸듯이 잡습니다.

*도움말

넥 뒤쪽의 손 모양이 적합한 위치에 있어야 빠르게 코드를 잡을 수 있으며, 코드마다 넥 뒤쪽의 손모양이 다릅니다.
위 사진을 보고 천천히 잡아보세요.

● A코드에서 E코드 체인지

코드를 빠르게 바꾸지 못하면 연주 중에 멈추는 상황이 발생할 수 있으니, 코드 바꾸는 연습을 충분히 해서 부드러운 연주를 해보세요. 이 순서를 거꾸로 하여 **E**코드에서 **A**코드로 바꾸는 연습도 해보세요.

1. A코드에서

2. 4번 손가락을 떼고

3. 2, 3번 손가락을 한 줄씩
   위로 올린 다음

4. 1번 손가락을 주먹 쥐듯 구부려
   3번 줄 1프렛을 누릅니다.

● 4비트 다운 스트로크

한 마디를 아래로 4번씩 치는 리듬을 4비트 리듬이라고 합니다. 반복하여 연습해 봅시다.

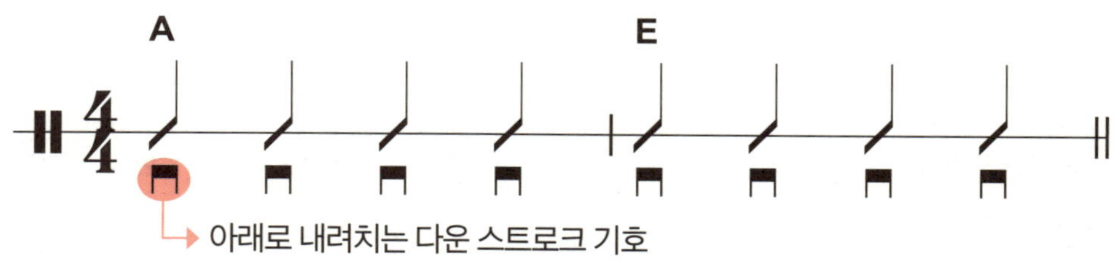

● A-E & E-A 코드 체인지 3 Step

1 A-E코드 체인지

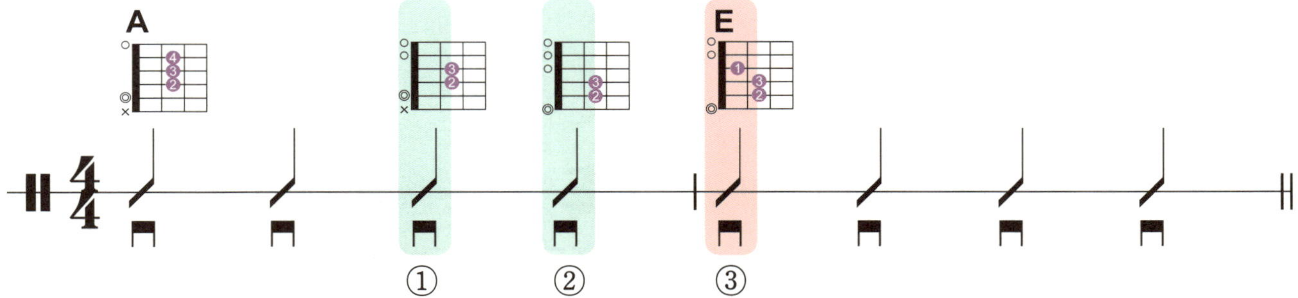

① 4번 손가락을 떼고,

② 짚고 있는 2, 3번 손가락을 한 줄씩 올라갑니다.

③ 1번 손가락을 짚어서 **E**코드를 완성합니다.

2 E-A코드 체인지

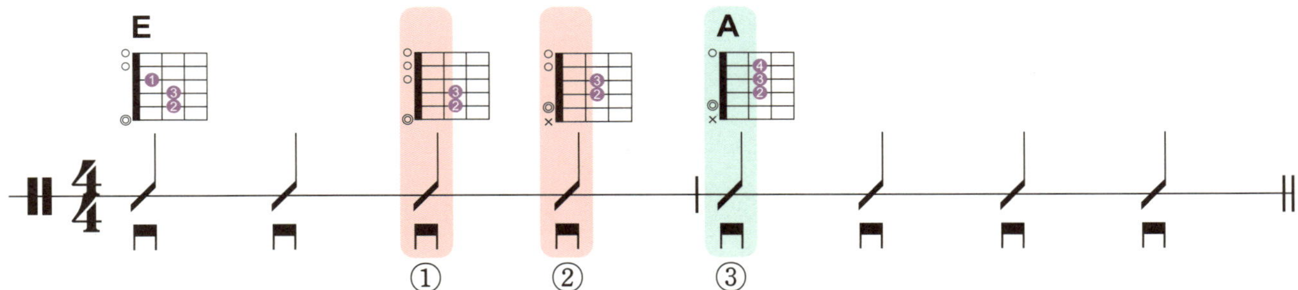

① 1번 손가락을 떼고,

② 짚고 있는 2, 3번 손가락을 한 줄씩 내려갑니다.

③ 4번 손가락을 집어서 **A**코드를 완성합니다.

3 위 **1**과 **2**를 연결하여 응용해서 연습해 보세요.

1, **2**번을 느리게 연습하고, 조금씩 속도를 올려 코드가 자연스럽게 바뀔 수 있도록 연습합니다.

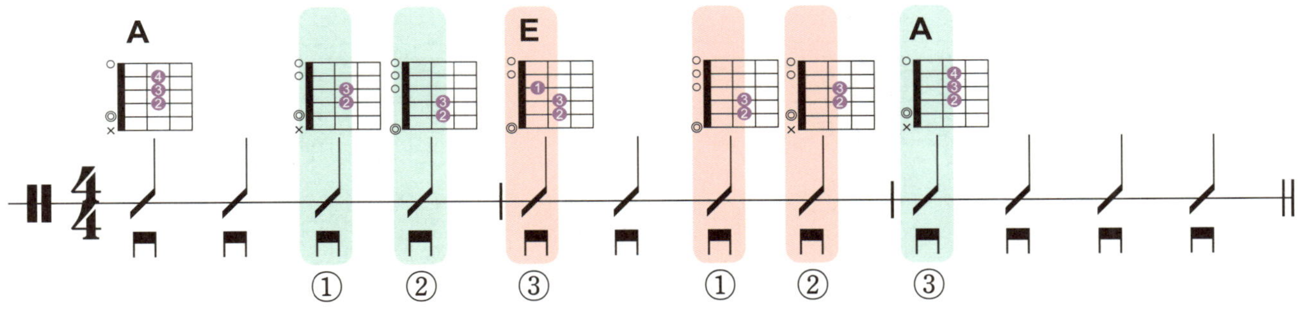

비행기

또 만나요

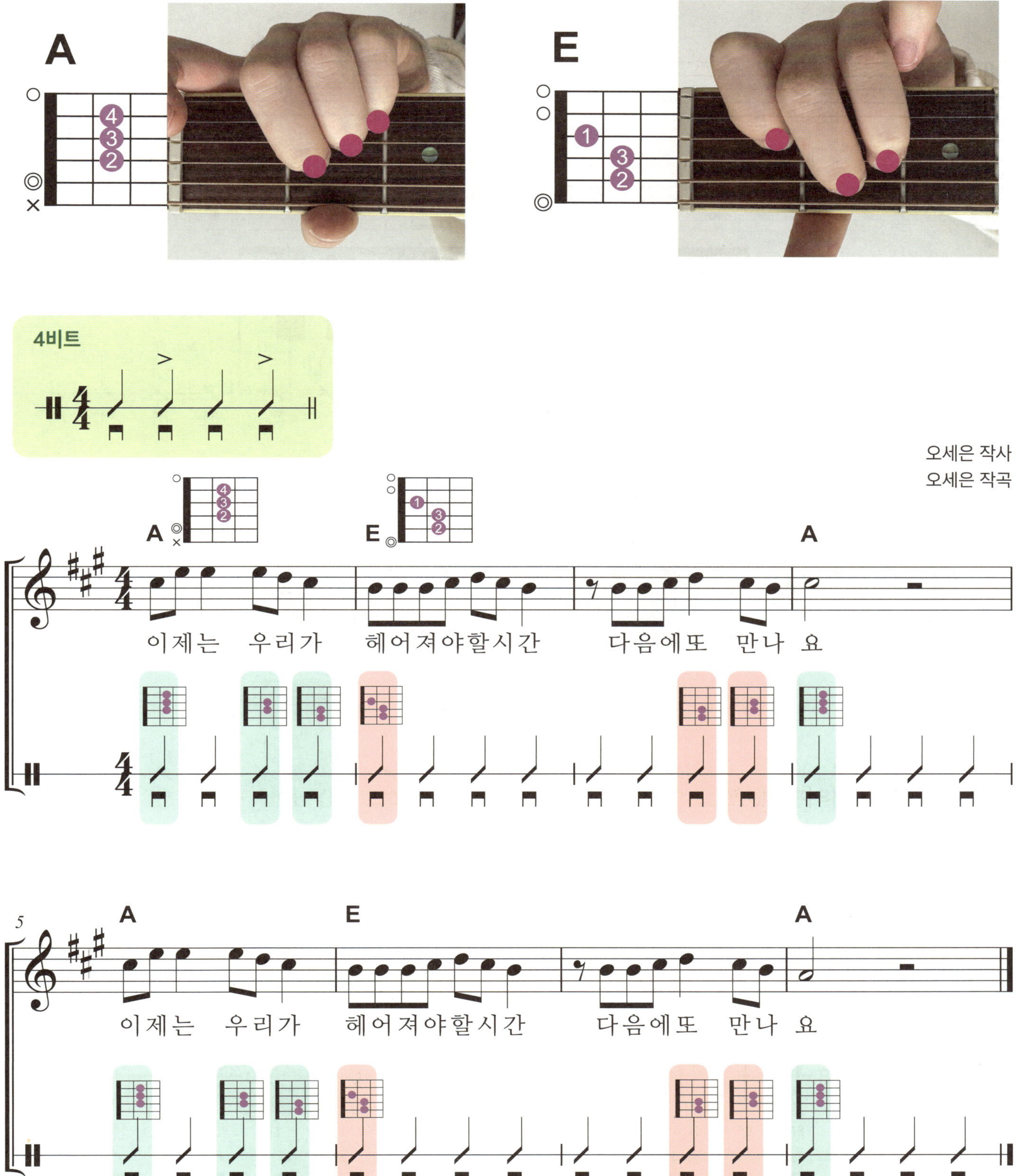

A
E
4비트
오세은 작사
오세은 작곡
A
E
A
이제는 우리가 헤어져야할시간 다음에또 만나 요
A
E
A
이제는 우리가 헤어져야할시간 다음에또 만나 요

곰 세 마리

4비트
작사 미상
작곡 미상
A
E
곰 세마리 가 한 집에있 어 아빠곰 엄마곰 애 기 곰
아 빠 곰 은 뚱 뚱 해 엄 마 곰 은 날 씬 해
애 기 곰 은 너무귀여워 히 쭉 히 쭉 잘 한 다

② E7코드

● E7코드의 운지

E코드와 동일한 모양으로 잡으면, 쉽게 소리를 낼 수 있습니다.

● E7코드를 잡은 올바른 손 모양

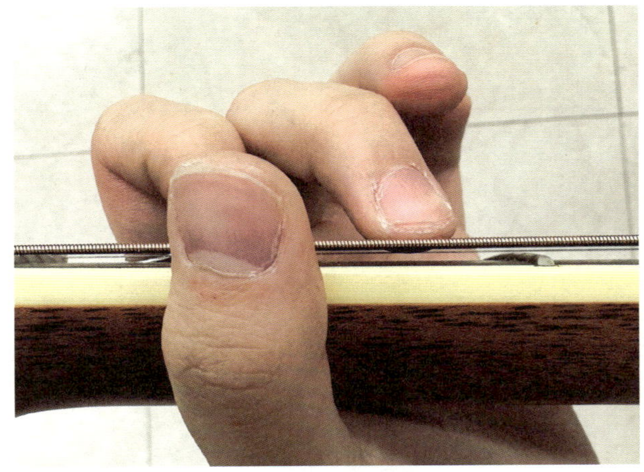

위에서 본 손 모양

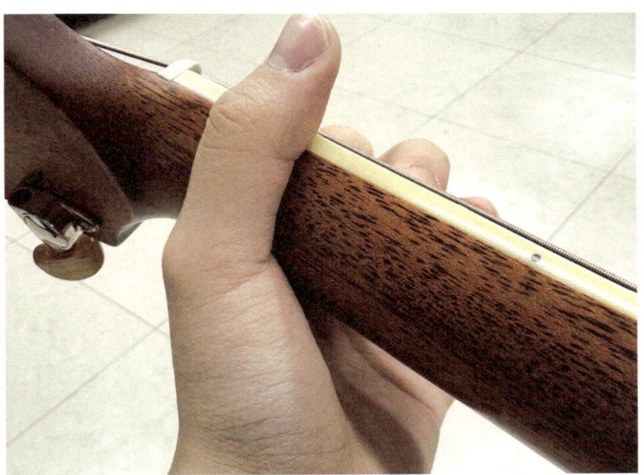

넥 뒤쪽의 손 모양

4번 손가락 쪽 손바닥은 넥에 닿지 않게 잡습니다.

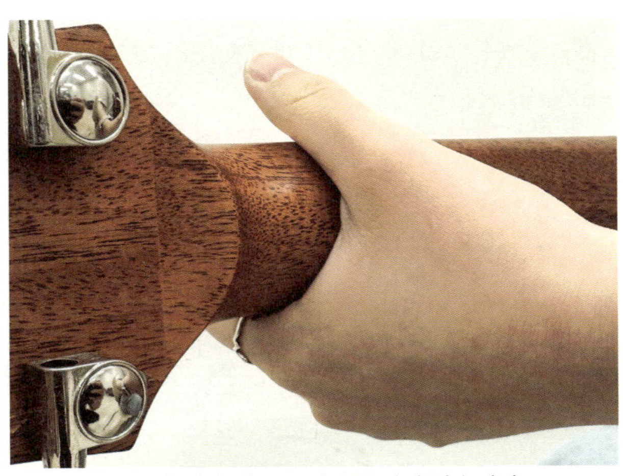

엄지가 6번 줄에 닿지 않도록 마디를 펴서 잡습니다.

● A–E7 & E7–A 코드 체인지 3 Step

1 A–E7코드 체인지

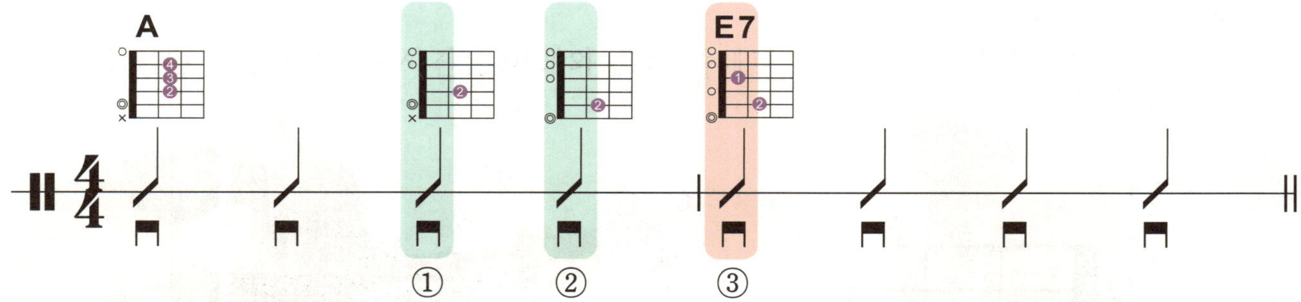

① 3, 4번 손가락을 떼고,
② 짚고 있는 2번 손가락을 한 줄 올라갑니다.
③ 1번 손가락을 짚어서 **E7**코드를 완성합니다.

2 E7–A코드 체인지

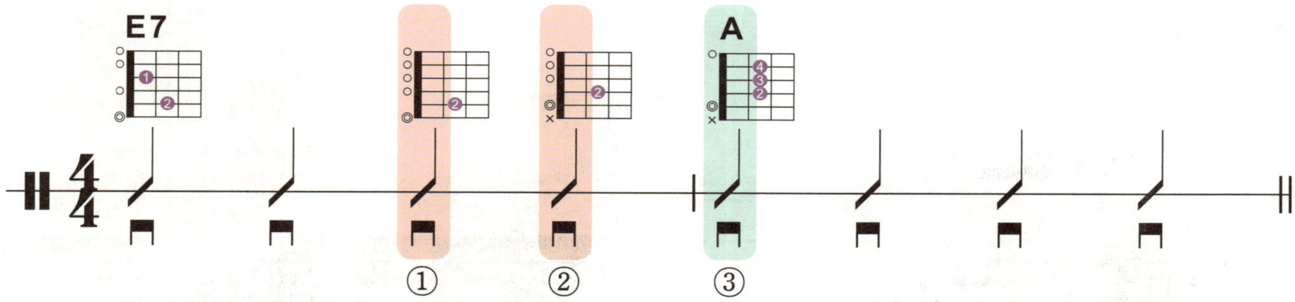

① 1번 손가락을 떼고,
② 짚고 있는 2번 손가락을 한 줄 내려갑니다.
③ 3, 4번 손가락을 집어서 **A**코드를 완성합니다.

3 종합연습

1, **2**를 연결하여 느리게 연습하고, 조금씩 속도를 올려 코드가 자연스럽게 바뀔 수 있도록 연습합니다.

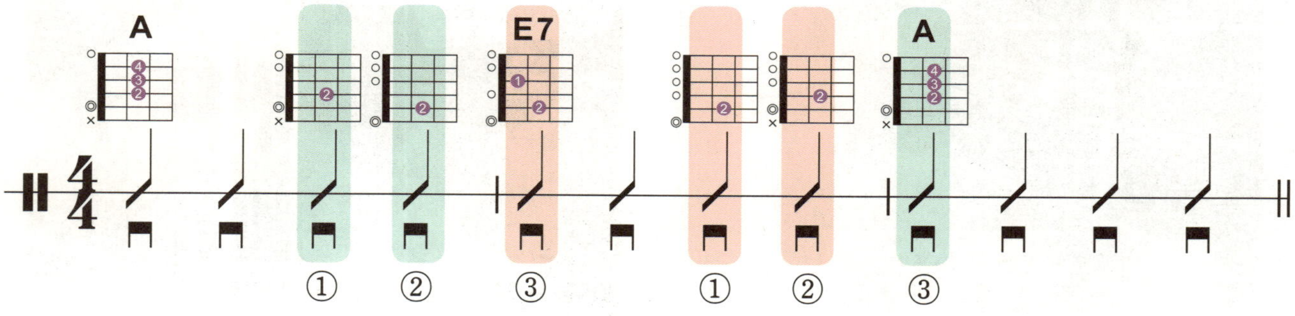

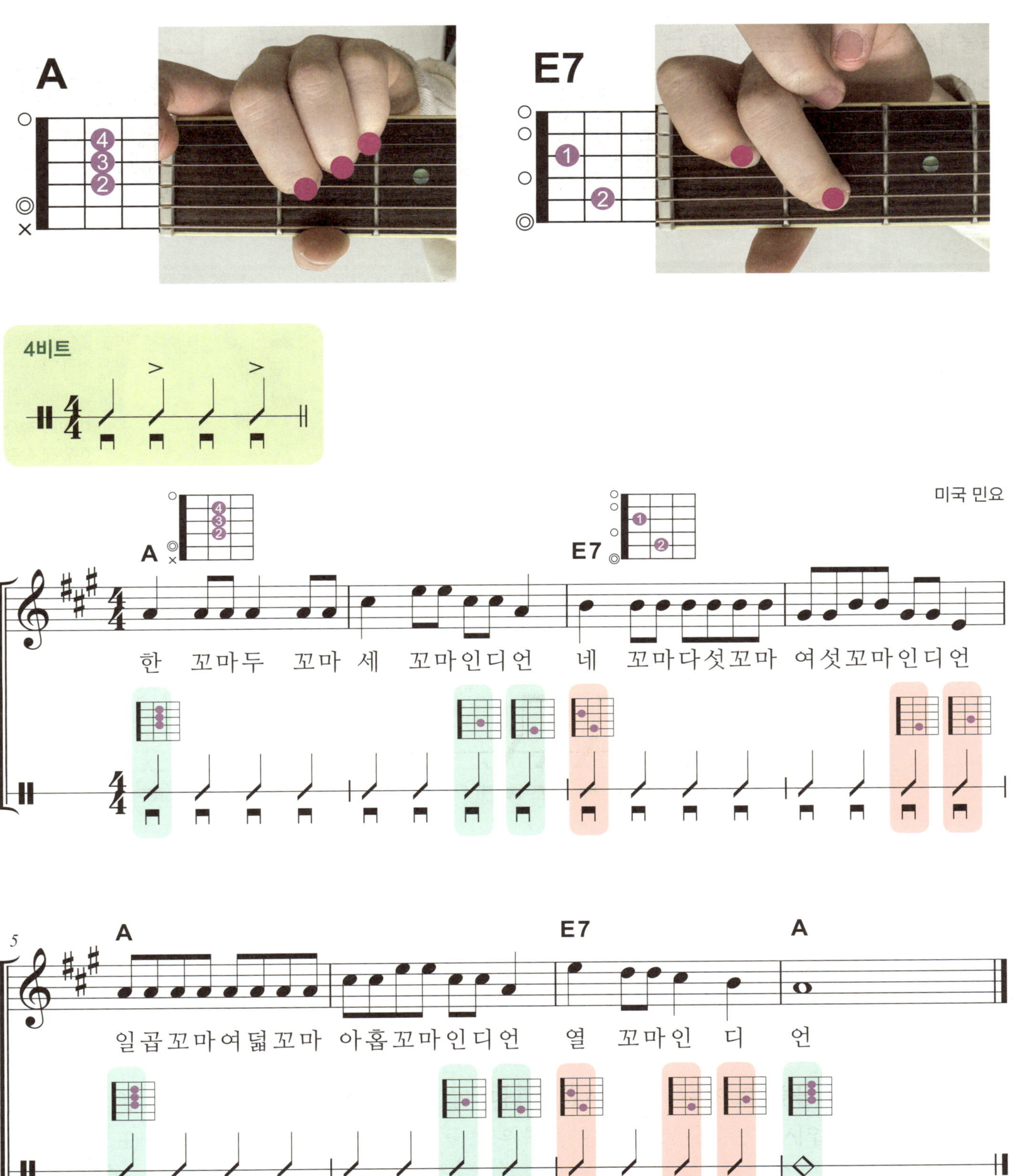

열 꼬마 인디언
A
E7
4비트
미국 민요
A
E7
한 꼬마 두 꼬마 세 꼬마 인디언 네 꼬마 다섯 꼬마 여섯 꼬마 인디언
A
E7
A
일곱 꼬마 여덟 꼬마 아홉 꼬마 인디언 열 꼬마 인 디 언

산토끼

A
E7
4비트
이일래 작사
이일래 작곡
A
E
A
산 토 끼 토 끼 야 어 디 를 가 느 냐
산 고 개 고 개 를 나 혼 자 넘 어 서
A
E7
A
깡 총깡 총 뛰 면 서 어 디 를 가 느 냐
토 실토 실 알 밤 을 주 워 서 올 테 야

나비야

4비트
작사 미상
독일 민요
A E7 A
나 비 야 나 비 야 이 리 날 아 오 너 라
A E7 A
노 랑 나 비 흰 나 비 춤 을 추 며 오 너 라
E7 A
봄 바 람 에 꽃 잎 도 방 긋 방 긋 웃 으 며
A E7 A
참 새 도 짝 짝 짝 노 래 하 며 춤 춘 다

 **D코드, G코드**

● D코드의 운지

D코드는 얇은 줄을 누르는 코드이기 때문에 줄을 너무 세게 누르면 줄을 누르는 손가락 끝부분이 아플 수 있습니다. 위치와 모양을 익힌다고 생각하고 가볍게 누르면서 연습합니다.

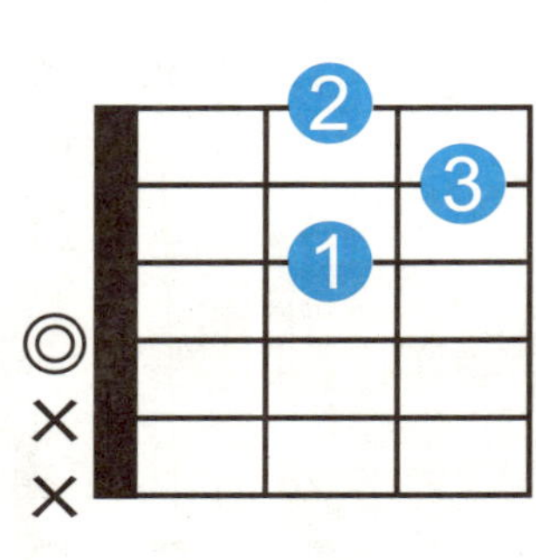

● D코드를 잡은 올바른 손 모양

왼손 엄지와 검지 부분으로 넥 뒤쪽을 감싸듯 잡는 것이 포인트입니다.

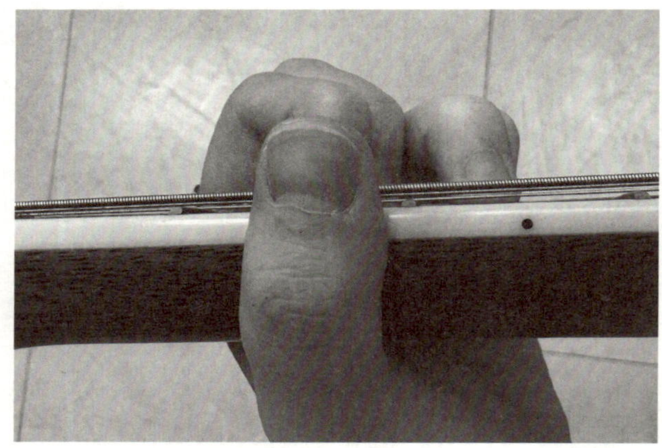

위에서 본 손 모양

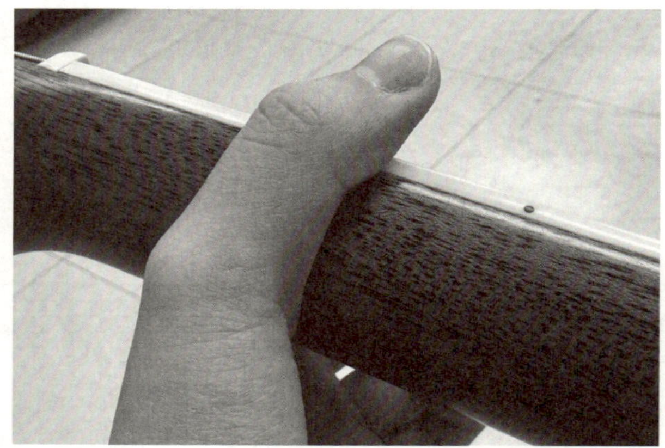

넥 뒤쪽의 손 모양

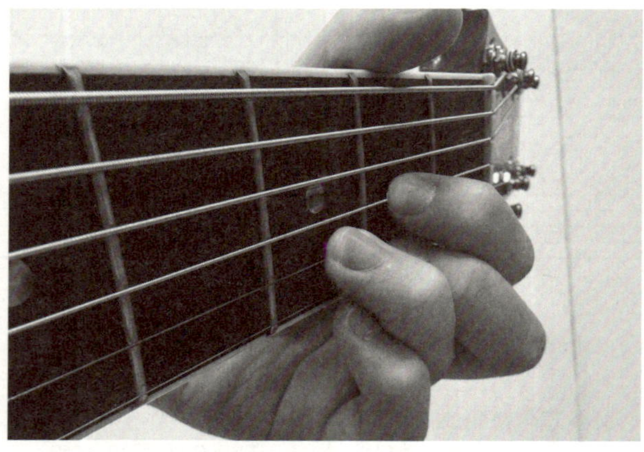

4번 손가락 쪽 손바닥은 넥에 닿지 않게 잡습니다.

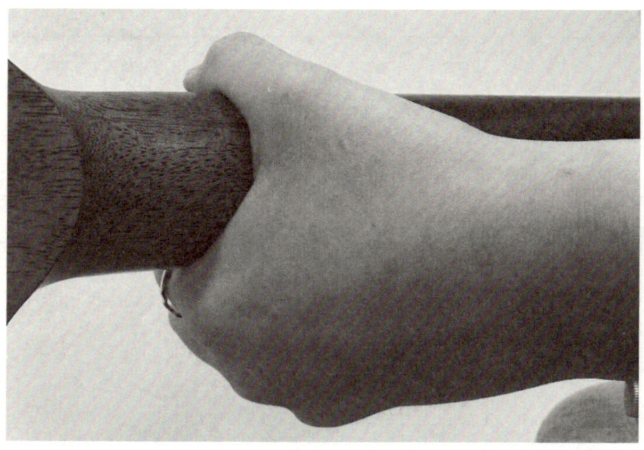

엄지손가락이 6번 줄에 살짝 닿도록 잡습니다. (6번 줄이 눌리면 안됩니다.)

● G코드의 운지

G코드는 왼손 손목을 기타의 헤드 부분을 향해 밀어주는 모습으로 잡아야 여섯 줄 모두 맑은 소리를 낼 수 있습니다.

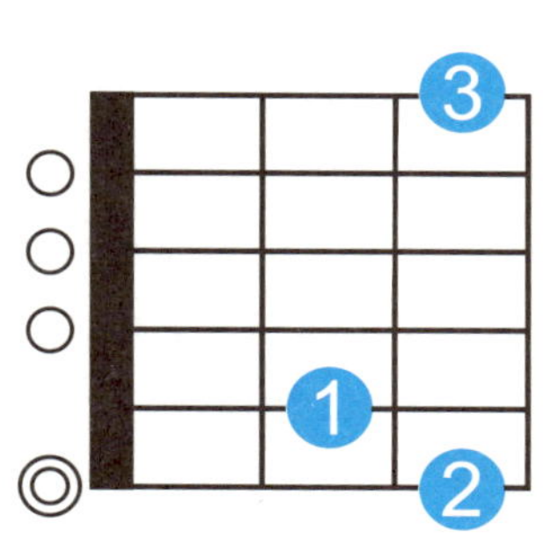

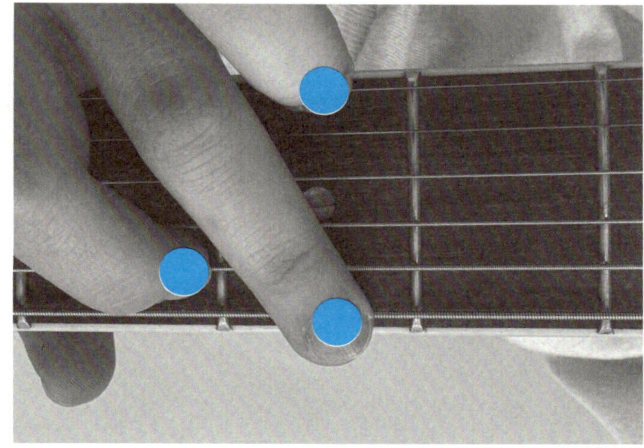

● G코드를 잡은 올바른 손 모양

6번 줄을 잡는 2번 손가락은 6번 줄이 아닌 그 위의 지판(프렛보드)의 끝부분 나무를 누릅니다. 2, 3번 손가락은 끝마디에 다른 손가락과 다르게 살이 많은 편이기 때문에 **G**코드를 잡을 때 2번 손가락을 정확히 6번 줄 위를 누르게 되면, 손가락의 살이 5번 줄에 닿아 뮤트(mute) 되는 경우가 많습니다.

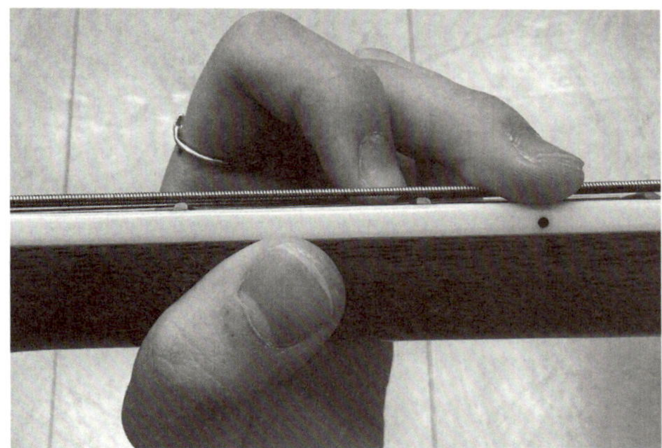

엄지손가락 부분을 넥에 붙입니다.

넥 뒤쪽의 손 모양

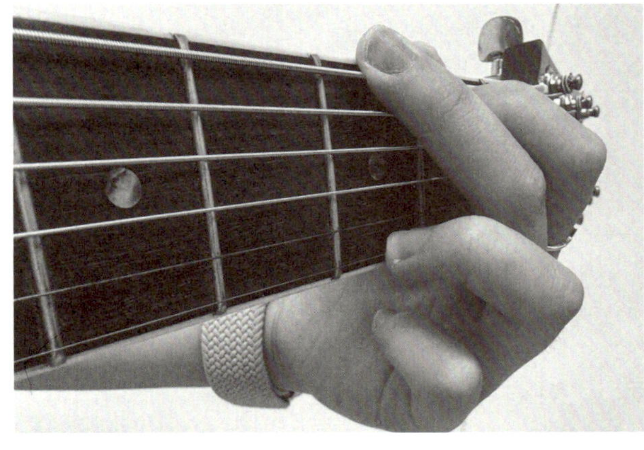

새끼손가락 부분은 최대한 아래로 내려 손이 대각선이 되도록 잡습니다.

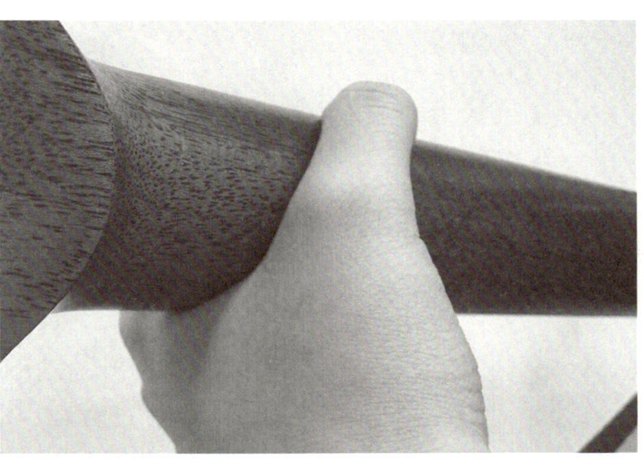

엄지손가락을 펴서 넥 뒤쪽에서 앞으로 밀어주듯 잡습니다.

● D코드와 G코드의 코드 체인지 4 Step

① D-G코드 체인지

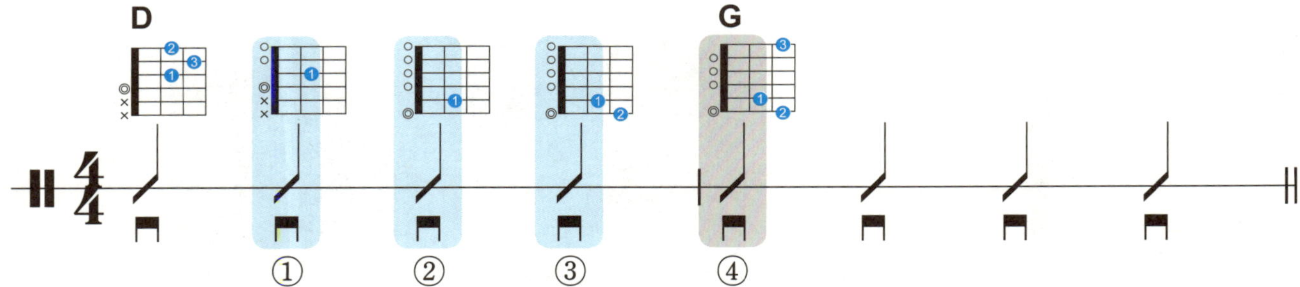

① 2, 3번 손가락을 떼고,
② 짚고 있는 1번 손가락을 두 줄 올라갑니다.
③ 5번 줄 3프렛을 2번 손가락으로 누르고,
④ 3번 손가락을 짚어서 **G**코드를 완성합니다.

② G-D코드 체인지

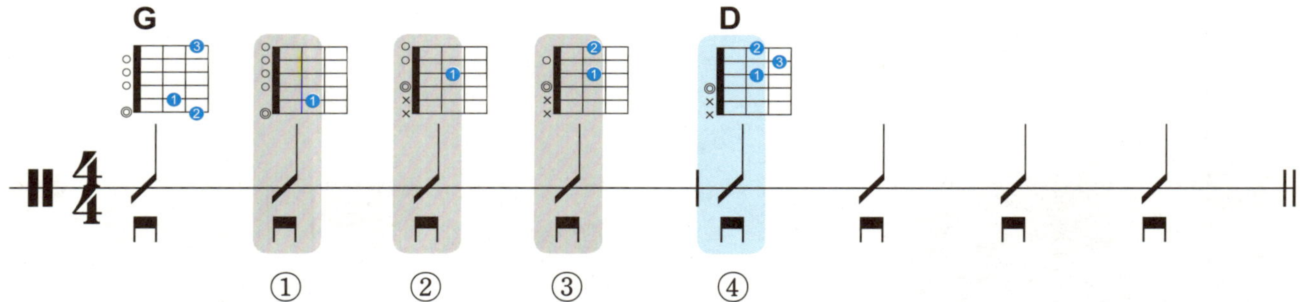

① 2, 3번 손가락을 떼고,
② 짚고 있는 1번 손가락을 두 줄 내려갑니다.
③ 1번 줄 2프렛을 2번 손가락으로 누르고,
④ 3번 손가락을 짚어서 **D**코드를 완성합니다.

③ 종합연습

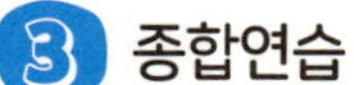

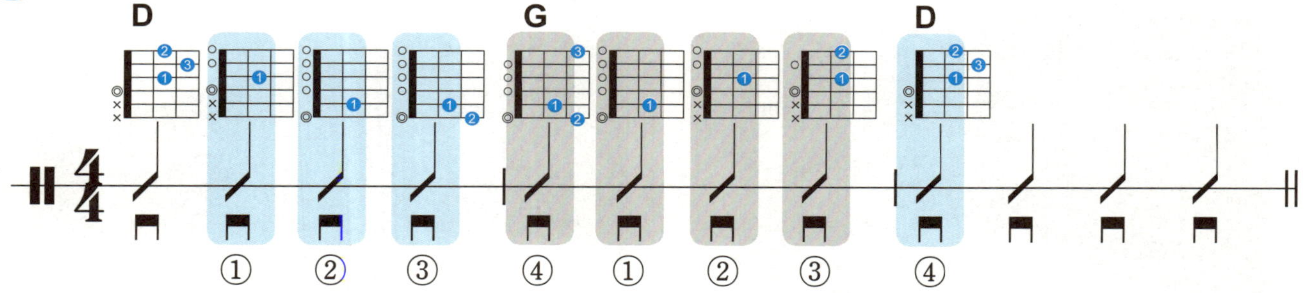

①과 ②를 연결하여 느린 속도로 연습을 시작하고 천천히 속도를 올려 빠르게 코드를 바꿀 수 있도록 연습하는 과정입니다. 코드를 바꿀 때 손이 움직이는 모양을 보며 연습해 보세요.

개구장이

4비트

김창완 작사
김창완 작곡
산울림 노래

E
A
A
E
D
A
E
D
A
E
G
A
E

우 리 같 이 놀 아 요 - 뜀을 뛰 며 공 을
우 리 같 이 불 러 요 - 예쁜 노 래 고 운

차 며 - 놀 아 요 -
노 래 - 불 러 요 -

이 마 엔 땀 방 울 - 마 음 엔 꽃 방 울

- 나 무 에 오 를 래 - - -

하 늘 에 오 를 래 - 개 구 장 이 -

옹달샘

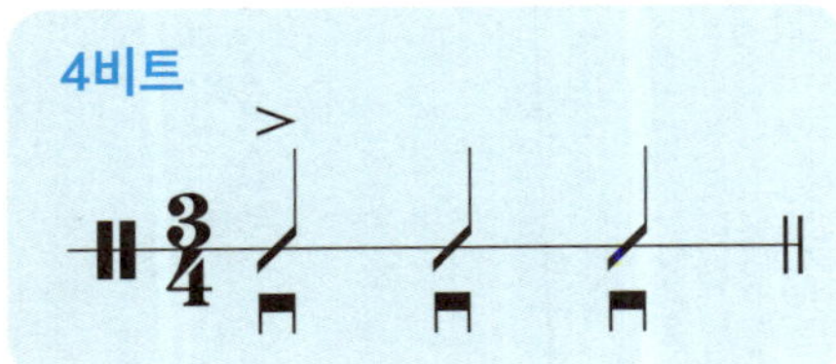

● 도돌이표(:‖)에서 처음으로 돌아가서 같은 부분을 반복 연주합니다.
이때 2절 가사를 부르면 됩니다.

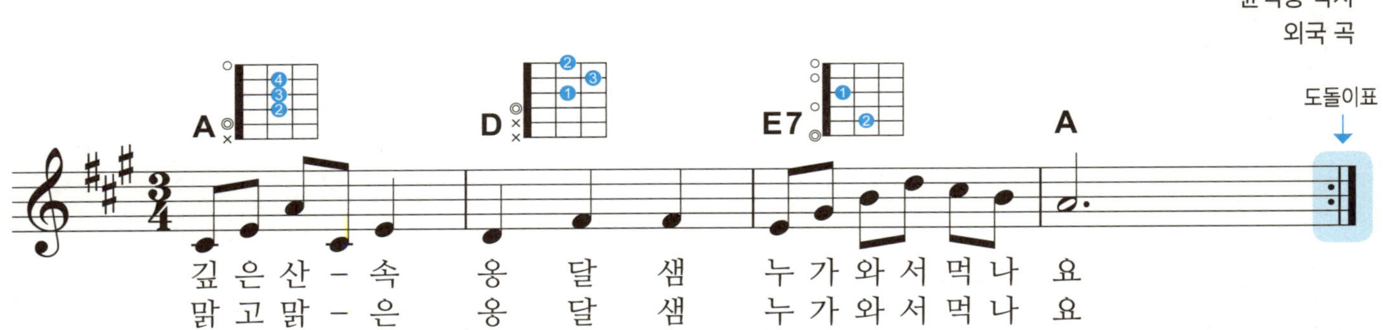

*도움말

D, Dm, D7코드는 다른 코드들과 손 모양이 연결되지 않는 경우가 많습니다. D코드를 잡은 채로 손 모양을 잠시 동안
유지하면서 D코드 자세를 손에 익히는 연습을 하면, D코드를 빠르게 짚을 수 있습니다.

고요한 밤 거룩한 밤

올챙이와 개구리

● 한 마디에 코드가 두 개 있는 경우에는 이와 같이 연주합니다.

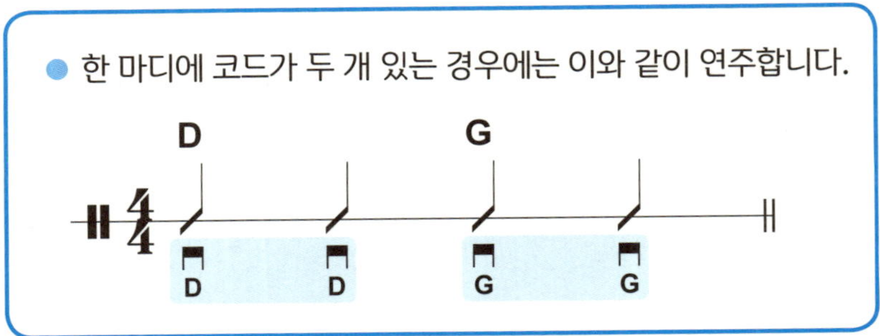

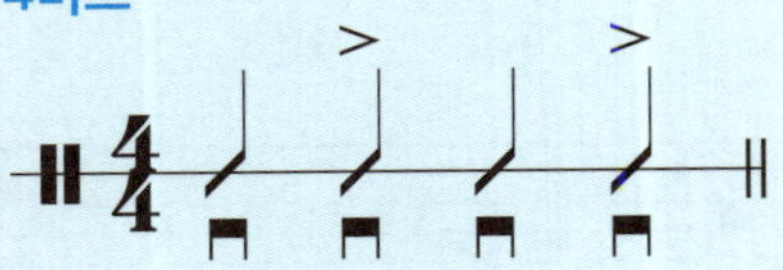

윤현진 작사
윤현진 작곡

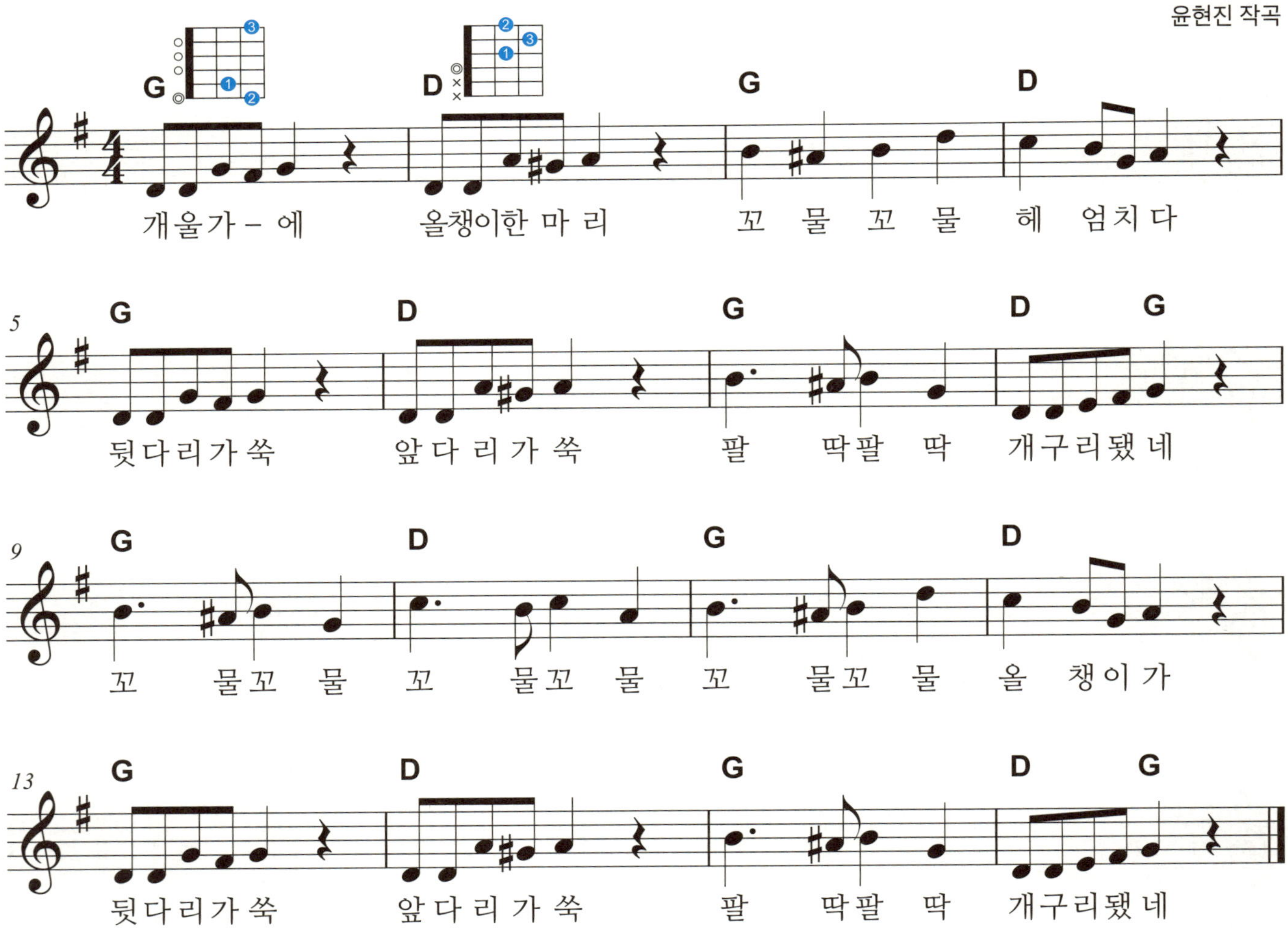

꿍따리 샤바라

김창환 작사
김창환 작곡
4비트
A
E7
마 음 이 울 적 하 고 답 답 할 때 – 산 으 로 올 라 가 소 릴 한 번
A
D
A
질 러 봐 – 나 처 럼 이 렇 – 게 가 슴 을 펴 – 고
E
E7
A
꿍 따 리 샤 바 라 빠 – 빠 빠 – 빠 꿍 따 리 샤 바 라 빠
E7
A
– 빠 빠 – 빠 빠 빠 – 빠 빠 빠 빠 빠 –
A
E7
A
꿍 따 리 샤 바 라 빠 – 빠 빠 – 빠 빠 빠 – 빠 빠 빠 빠 빠 –

④ 반복 기호

● :‖(도돌이표) : 처음으로 돌아가서 한 번 더 반복하여 연주합니다.

연주순서 : ① - ② - ③ - ④ - ① - ② - ③ - ④

● ‖: :‖ : :‖ 에서 ‖: 로 돌아가 서 한 번 더 반복하여 연주합니다.

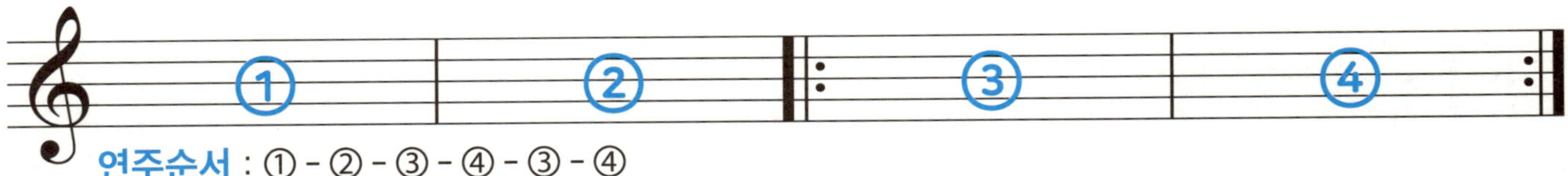

연주순서 : ① - ② - ③ - ④ - ③ - ④

● :‖ : :‖에서 처음으로 돌아가서 반복한 뒤 1. 을 건너뛰어 2. 를 연주합니다.

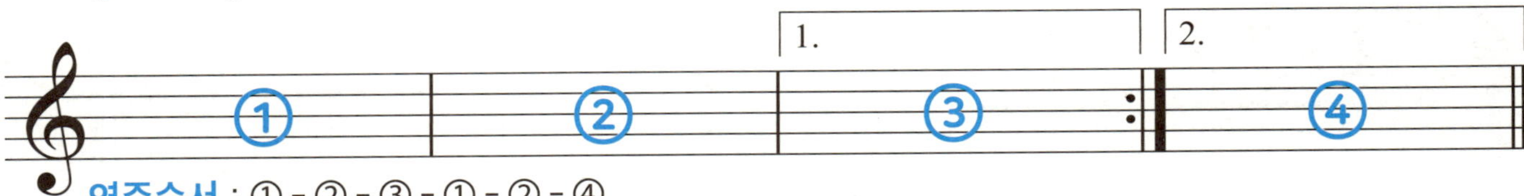

연주순서 : ① - ② - ③ - ① - ② - ④

● **D.C. al Fine**(다 카포 알 피네) : 처음으로 돌아가서 반복한 뒤 **Fine**(피네)에서 마칩니다.

연주순서 : ① - ② - ③ - ④ - ① - ②

● **D.S. al Fine**(달 세뇨 알 피네) : 𝄋(세뇨)로 돌아가서 반복한 뒤 **Fine**(피네)에서 마칩니다.

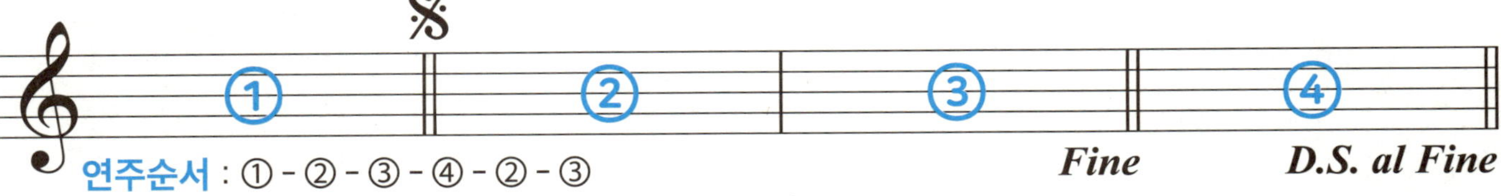

연주순서 : ① - ② - ③ - ④ - ② - ③

● **D.C. al Coda**(다 카포 알 코다) : 처음으로 돌아가서 반복한 뒤 ⊕(코다)부분을 건너뛰어 연주합니다.

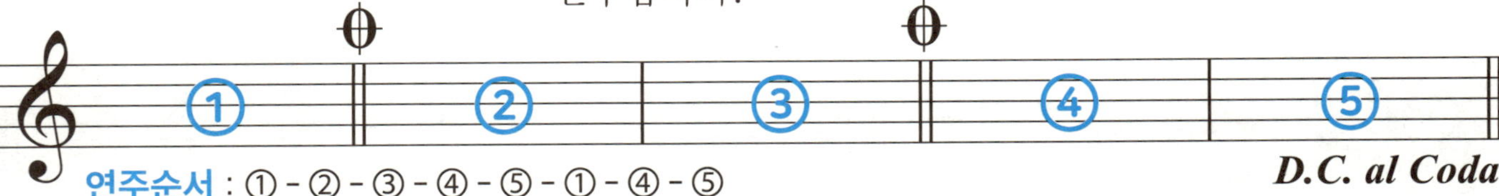

연주순서 : ① - ② - ③ - ④ - ⑤ - ① - ④ - ⑤

리듬의 종류별 느낌 맛보기

● ¾박자 리듬과 ⁴⁄₄박자 리듬

리듬은 기본 형태와 변형된 패턴이 있습니다. 손에 편한 코드를 집고, 다양한 패턴들을 연습해
보세요. ¾박자 곡은 왈츠 주법, ⁴⁄₄박자 곡은 ⁴⁄₄박자 패턴 모두를 적용해 연습해 보세요.

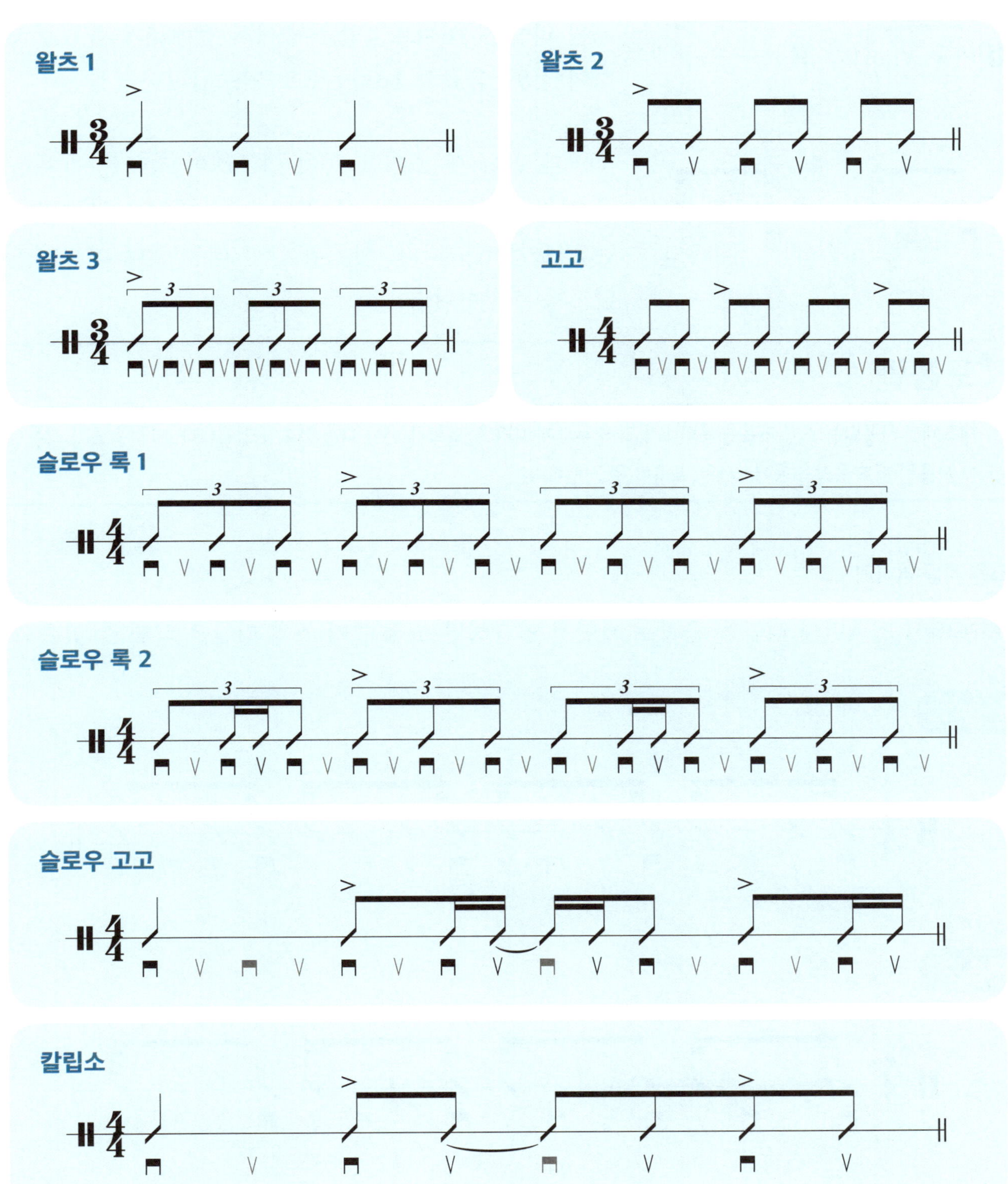

● 스윙 리듬과 셔플 리듬

스윙과 셔플은 비슷하지만, 다른 리듬입니다. 두 리듬의 차이가 미미하기 때문에 두 리듬을
동일하게 알고 있는 사람들도 많으며, 실제로 느낌을 내기에 어려울 수 있습니다.

1. 스윙

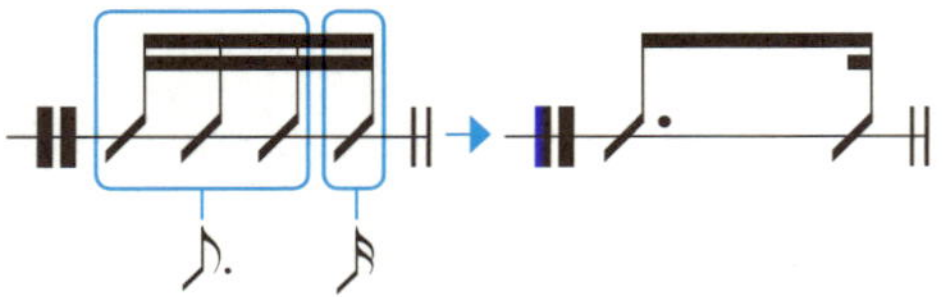

스윙 리듬은 16비트 4연음 중에서 앞에 3개 음표를 연결
하여 점8분음표와 16분음표로 연주됩니다.

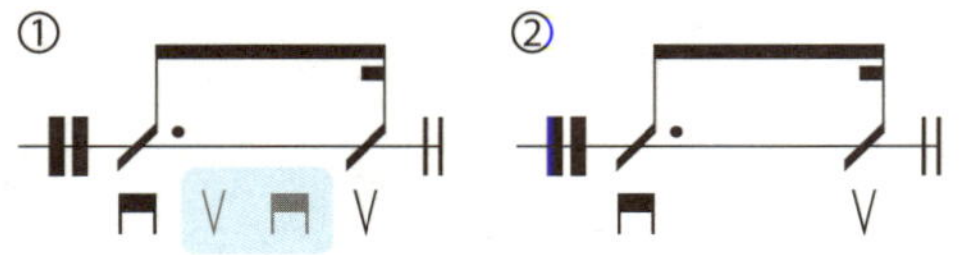

①번과 같이 헛 스윙을 하며 연주해야 정확한 박자로 연
주할 수 있지만, 보통 헛 스윙 없이 ②번과 같이 연주하
는 경우가 많습니다. 헛스윙을 할 때는 줄에 피크가 닿지
않도록 스윙합니다.

> ***도움말**
>
> 재즈에서 사용되는 스윙 리듬은 곡의 느낌과 연주자에 따라 첫 음의 길이가 다른 경우가 있습니다. 이것은 스윙 리듬
> 이 사용된 재즈 음악을 들어보시면, 도움이 될 것입니다.

2. 스윙 리듬 익히기

16비트에서 3, 4번째 리듬을 순차로 빼면서 연습하면 조금 쉽게 스윙 리듬을 익힐 수 있습니다.

연습 1

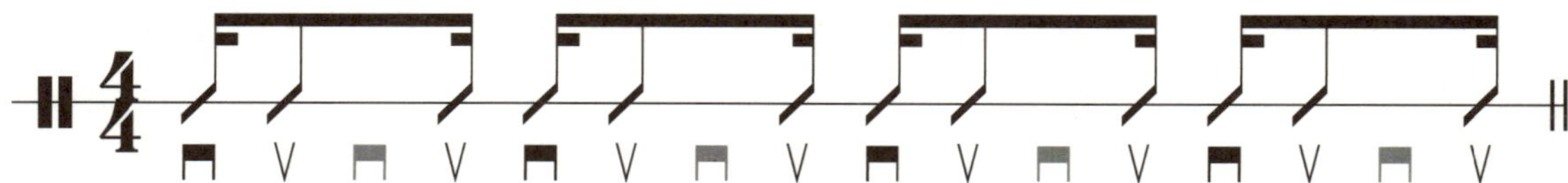

연습 2

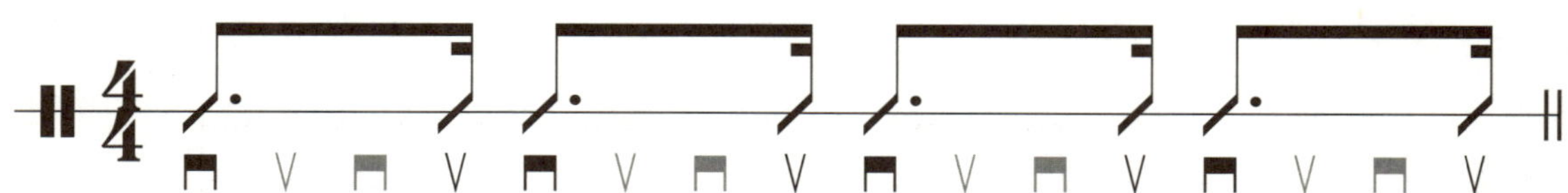

3. 셔플

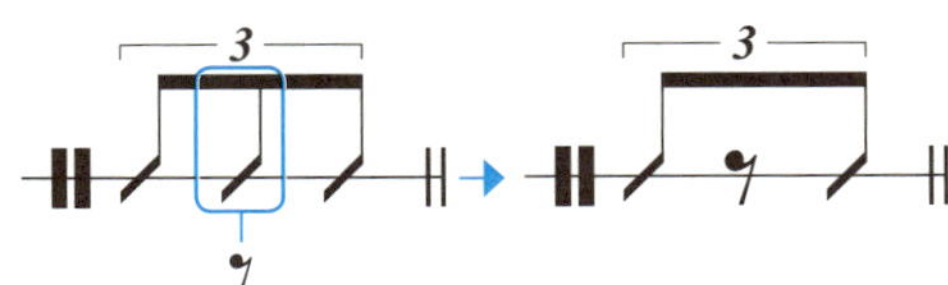

셔플 리듬은 셋잇단음표에서 가운데 음표를 쉼표로 만들어 연주하는 리듬입니다.

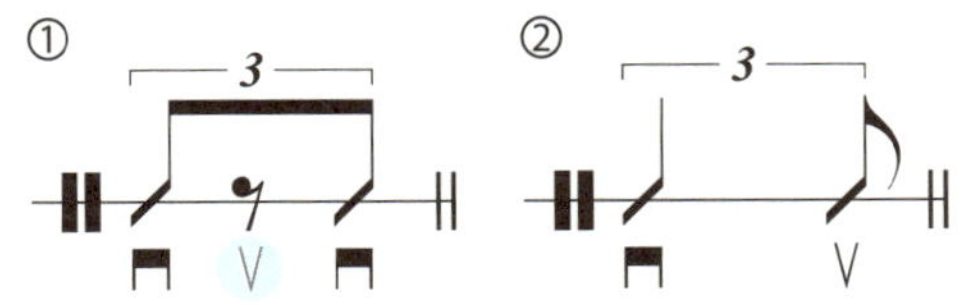

①번과 같이 헛 스윙을 하며, 리듬을 연주해야 정확한 박자로 연주할 수 있지만, 보통 헛 스윙 없이 ②번과 같이 연주하는 경우가 많습니다.

스윙 리듬은 4분음표를 4등분 하여 리듬을 만들고, 셔플 리듬은 4분음표를 3등분 하여 리듬을 만들게 됩니다. 따라서 처음 연주되는 음의 길이에 분명한 차이가 있지만, 그 차이가 미미하고 헛 스윙 없이 연주하게 되면 첫 음의 길이가 일정하지 못하게 됩니다. 이러한 이유로 스윙과 셔플을 같은 리듬으로 인지하게 되는 것입니다.

미미한 차이로 인해 스윙 리듬과 셔플 리듬을 동일하게 연주해도 큰 차이는 없습니다.

4. 셔플 리듬 익히기

셋잇단 리듬을 연주하는 것을 가장 어려워하기 때문에 먼저 1박을 3개로 나눈 셋잇단 리듬을 먼저 익히면 셔플 리듬을 편하게 연주할 수 있습니다.

연습 1

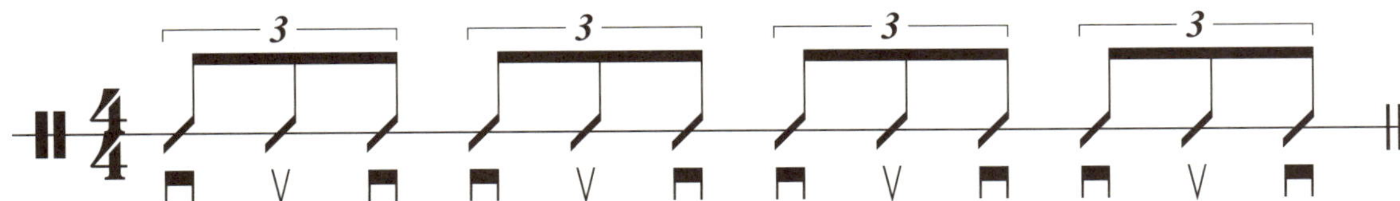

연습 2

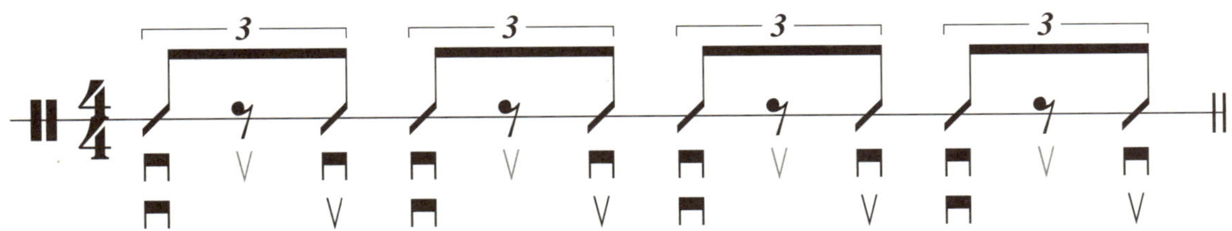

⑥ C코드, D7코드, G7코드, A7코드

● C코드의 운지

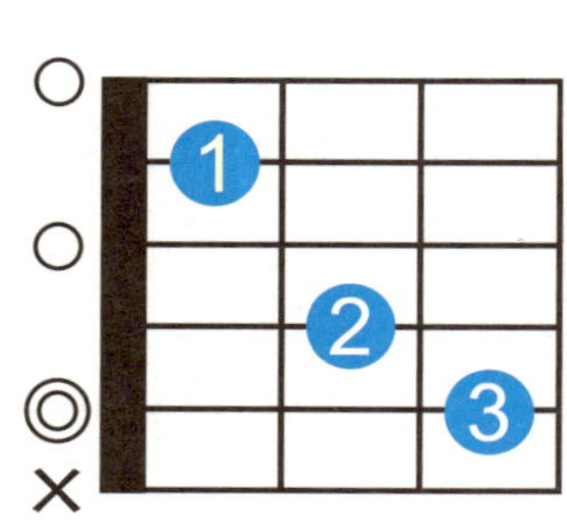

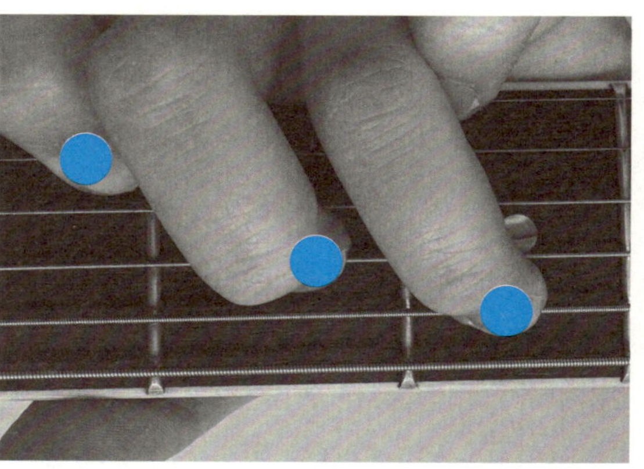

1번 손가락을 'ㄷ'처럼 구부려서 짚어야 1번 줄까지 소리를 낼 수 있으며, 3번 손가락은 5번 줄과 6번 줄 사이 지판(나무)을 눌러서 손가락 아랫부분의 살이 5번 줄을 누를 수 있도록 해야 6번 줄을 자연스럽게 '뮤트(mute)'하도록 만들 수 있습니다.

● D7코드의 운지

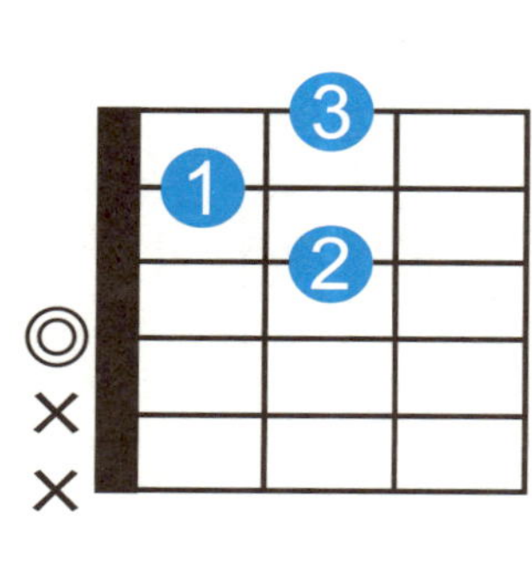

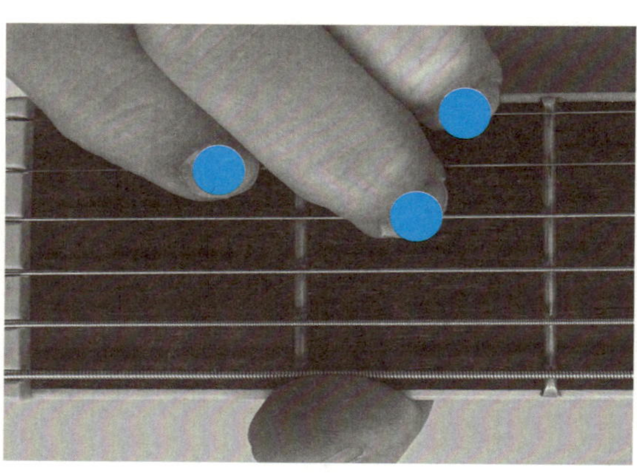

D코드와 동일한 자세로 짚습니다. 손에 계란을 쥐는 듯한 자세로 짚으면, 왼손에 힘을 최소화할 수 있습니다.

D코드와 **D7**코드는 좌우 반전된 모양이며, 넥 뒤쪽 손 모양은 동일합니다.

D 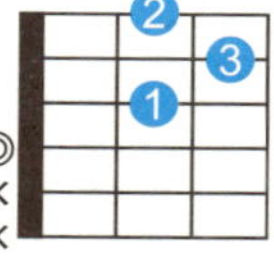

D7 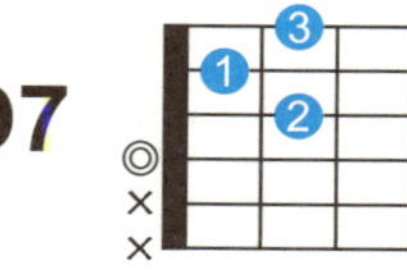

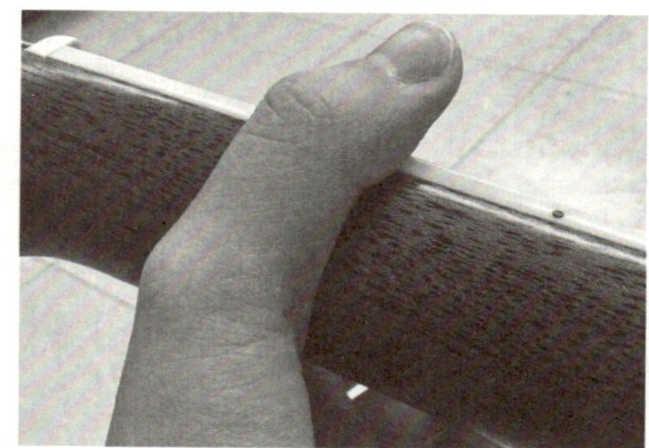

G7코드의 운지

C코드를 짚은 상태에서 왼쪽 어깨를 낮추면서 손목을 'ㄴ'처럼 만들고, 위아래로 손가락을 벌리면서 잡으면 소리를 맑게 낼 수 있습니다.

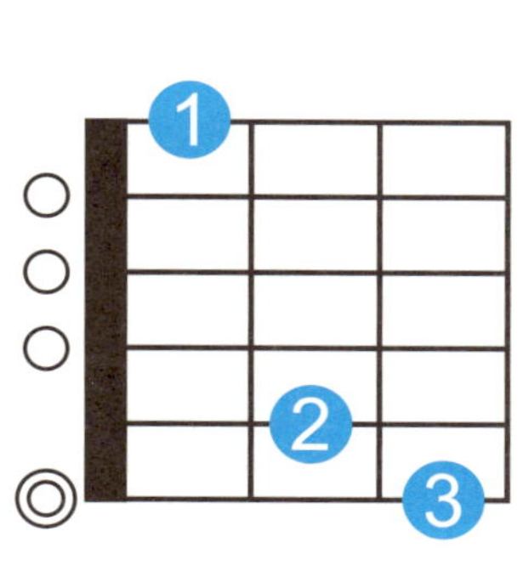

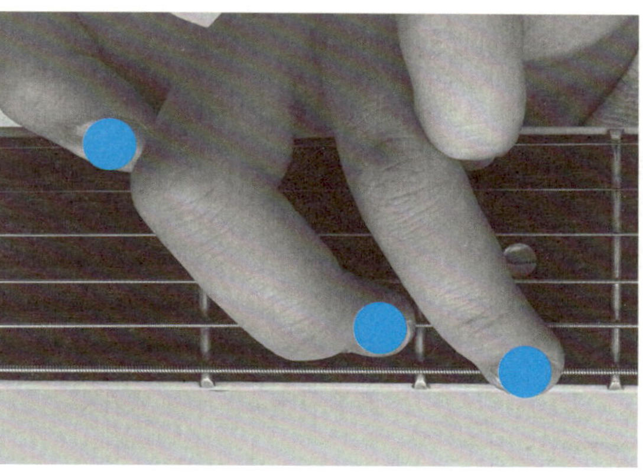

C코드와 G7코드 운지 비교

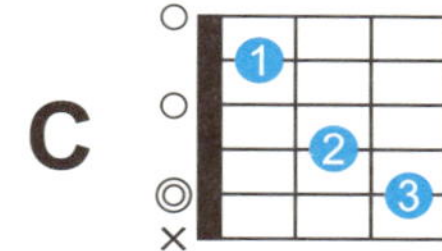

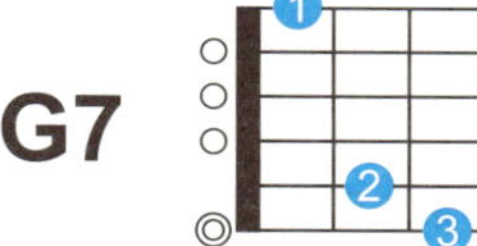

A7코드의 운지

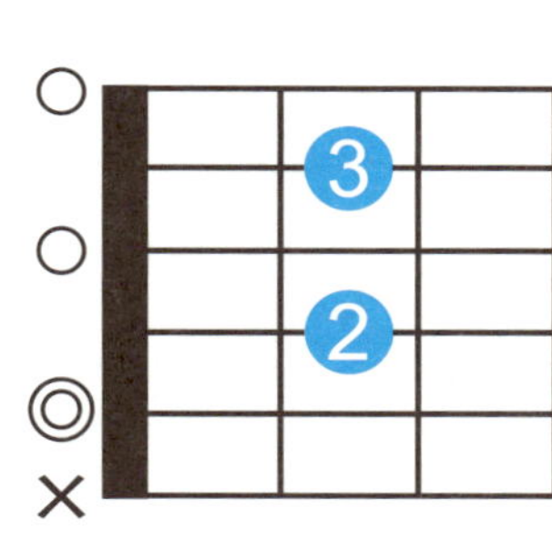

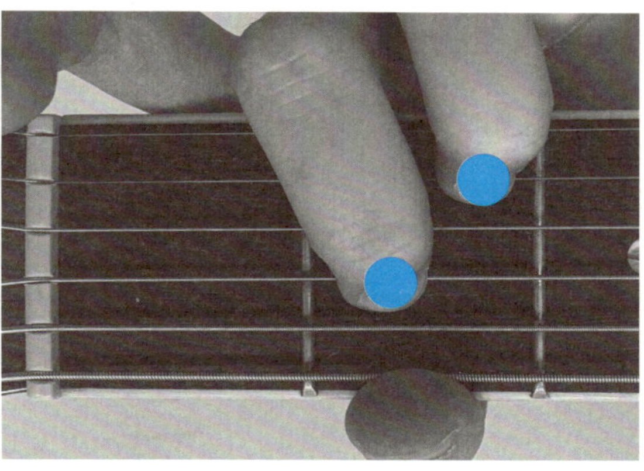

A코드에서 4번 손가락을 떼고, 3번 손가락이 한 줄 내려온 모양이며, 줄을 누른 손가락이 다른 줄에 닿지 않도록 손가락을 직각에 가깝도록 잡아야 깔끔한 소리를 낼 수 있습니다.

A코드와 A7코드 운지 비교

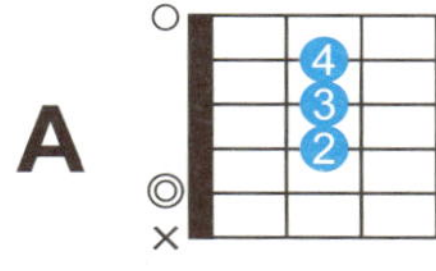

매직 카펫 라이드

①번 리듬으로 먼저 연습한 후에 ②번 리듬으로 연주해 보세요.
① 4비트
② 4비트+고고 응용
김윤아 작사
김윤아 작곡
자우림 노래

Half down tuning
(반음 낮게 조율합니다.)
A7
D7
A7
이렇게 멋 진 파란하 -늘위로 날으는 마 법 융 단
D7
A7
D7
A7
-을타고 이렇게 멋 진 푸른세 -상속을 날으는 우 리 두사람
D7
A7
D7
A7
D7
A7
D7
A7
D7
신 경
A7
D7
A7
D7
쓰 지 마 요 그 -렁고그 -런얘 기 들
웬 일 인 지 인 -생 이재 -미없 다 면
골 치
A7
D7
A7
D7
아 픈 일 은 내 -일 로 미 -뤄버 려 요
지 난 일 은 모 -두 다잇 -어버 려 요
인생은
기회는

A7   D7   A7   1. D7
－한번뿐－후회하 －지마요 진짜로 －가지고－싶은걸 －가져요 이렇게
－한번뿐－실수하 －지마요 진짜로 －해내고－싶은걸
A7   D7   A7   D7
멋 진 파란하 －늘위에 지어진 마 법 정원으 －로와요 색색의
A7   D7   A7   D7
보 석 꽃과노 －루비단 달콤한 우 리 두사람 －
2. D7   A7   D7   A7
－찾아요 － 용 감 하게 씩 －씩하게 오 늘의당 신을 버
D7   A7   D7   A7
－려봐요 이렇게 멋 진 파란하 －늘위로 날으는 마 법 융 단
D7   A7   D7   A7
－을타고 이렇게 멋 진 장밋빛 －인생을 당신과 나 와 우리둘
D7   A7   D7   A7
－이함께 －
D7   A7   D7   A7   D7

1 G-D7코드 체인지

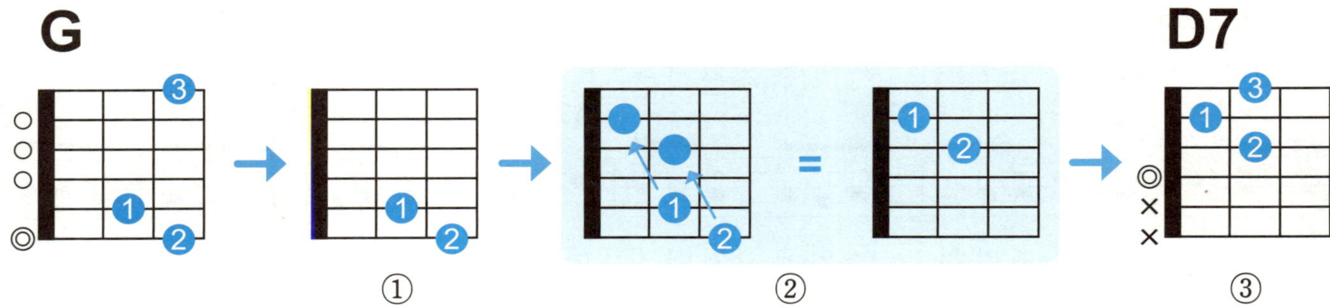

① 3번 손가락을 떼고,
② 짚고 있는 1, 2번 손가락을 두 줄 내려가고 1칸 이동합니다.
③ 3번 손가락을 짚어서 **C**코드를 완성합니다.

2 G-C코드 체인지

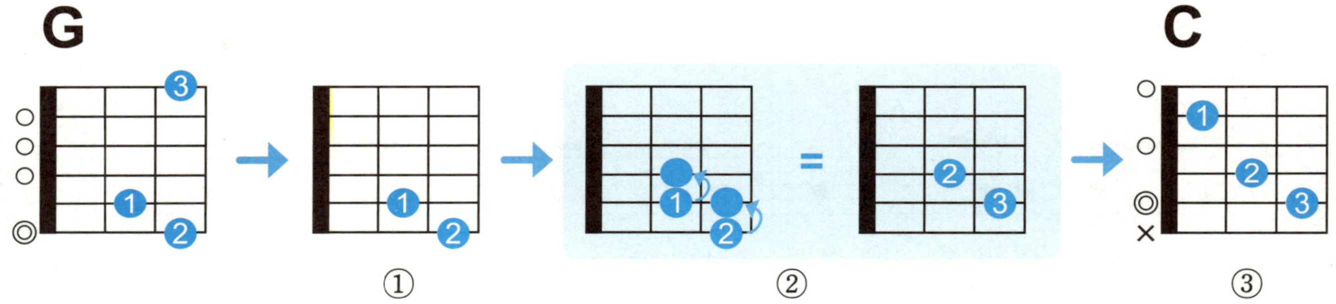

① 3번 손가락을 떼고,
② 짚고 있는 1, 2번 손가락을 한 줄 내려갑니다.
③ 1, 2번 손가락이 누른 위치를 2, 3번 손가락으로 바꿔 짚습니다.
④ 1번 손가락을 짚어서 **C**코드를 완성합니다.

3 종합연습

1과 **2**를 연결하여 연습합니다.
모든 코드는 손가락이 다음 코드의 위치로 이동할 때 넥 뒤쪽의 손모양도 함께 바뀌어야 안정적이고, 빠르게 코드를 바꿀 수 있습니다.

솜사탕

① 4비트
② 4비트+고고 응용
정 근 작사
이수인 작곡
G
D
G
D7
G
C
G
D
D7
G
C
G
D7
G
나뭇가지에 실처럼 – 날아 든솜 사 탕
하얀눈처럼 희고 도 – 깨끗 한솜 사 탕
엄마손잡고 나들이갈때 먹어 본솜 사 탕
훅 훅 불면 은 구멍이뚫 리는 커다란솜 사 탕

 # Em코드, Am코드, B7코드

● Em코드의 운지

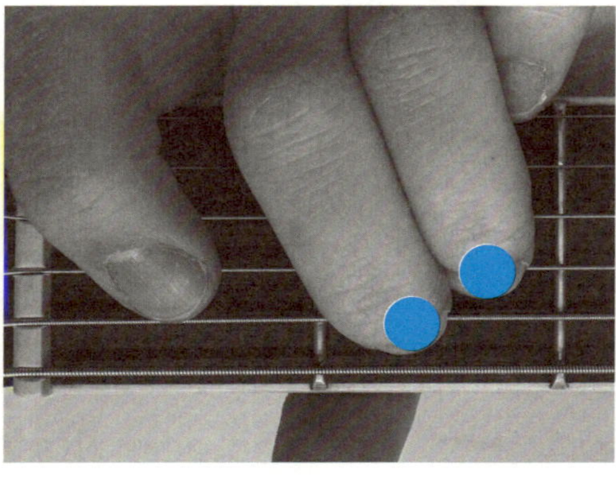

E코드에서 1번 손가락을 뗀 것과 같으며, 엄지손가락이 6번 줄에 닿지 않도록 주의해서 잡아야 합니다.

● Am코드의 운지

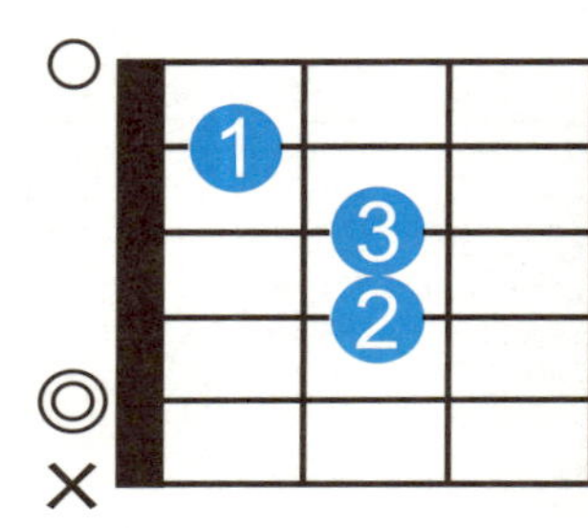

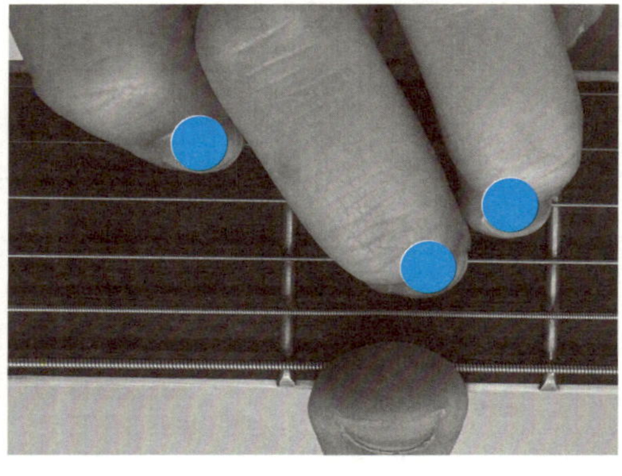

E코드가 그대로 한 줄 내려온 모양이며, 엄지손가락이 6번 줄에 살짝 닿게 잡아 6번 줄을 뮤트 시켜 줍니다.

● B7코드의 운지

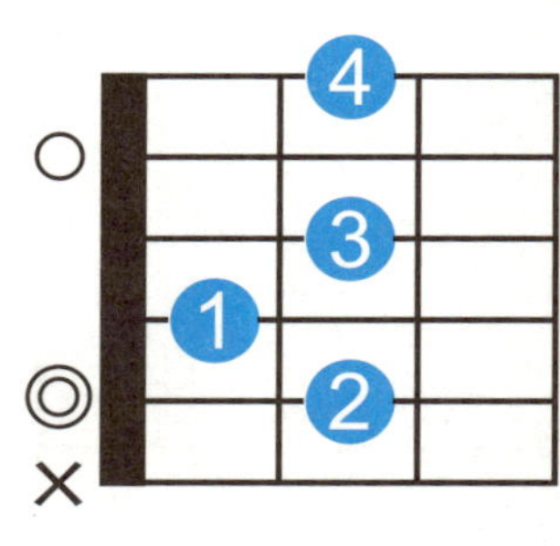

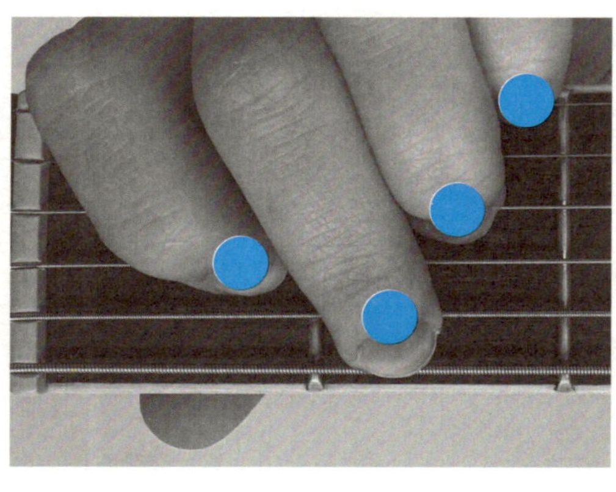

1, 2, 3번 손가락이 D7코드와 같은 모양을 하고 있으며, 4번 손가락은 다른 손가락에 비해 유연하지 못하기 때문에 1, 2, 3번 손가락을 먼저 짚은 후에 B7 코드 연주 구간이 끝나기 전에 4번 손가락을 누를 수 있도록 연습합니다.

● '사랑은 늘 도망가' 코드 체인지

1. D-Em코드 체인지

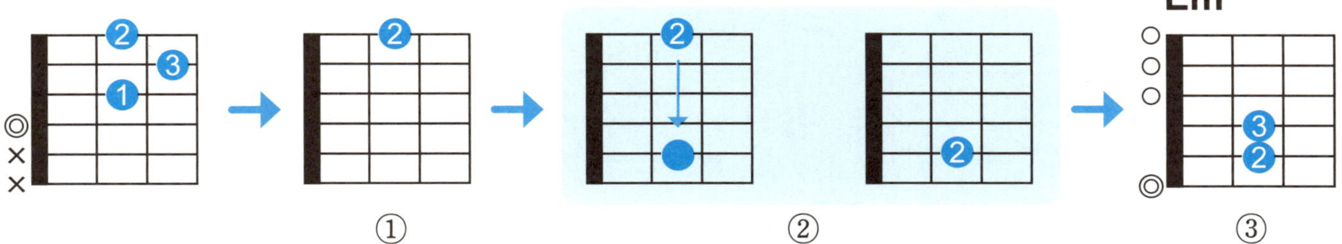

2. D-C코드 체인지

3. G-Am코드 체인지

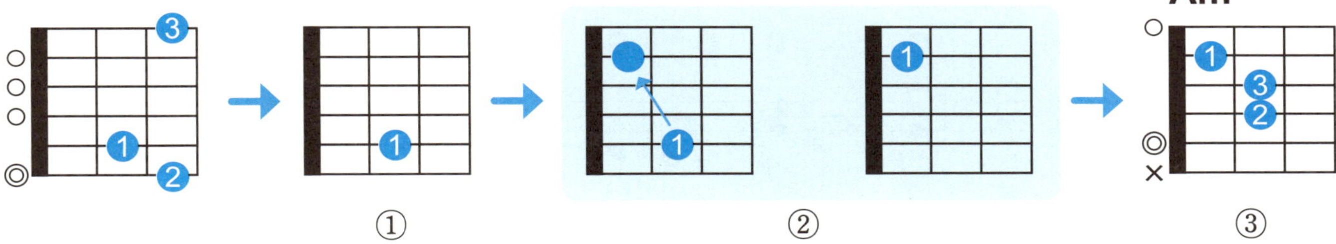

4. Am-D코드 체인지

5. C-D코드 체인지

사랑은 늘 도망가

① 고고
② 슬로우 고고
강태규 작사
홍진영 작곡
임영웅 노래
capo : 1fr
G D Em D C G
Am D G D Em D
C D G C D G D Em D
C G Am D G D
Em G D C Am D G C G
C G Em G C G
Am D G D Em G
눈물 이 난 -다 이 길을 걸으 면- 그 사람 손 길이- 자꾸
생 각 이난 다- 붙잡 지 못 하고 가 슴만 떨었 지- 내
아름답던사 람 아 사랑 이란 -게 참 쓰린 거더라- 잡
으 려할 수록- 더 멀 어 지더 라- 이별 이 -란 -게 참
쉬 운 거더 라- 내 잊 지못할 사 람 아 사 랑-
아 왜 도망 -가 수 줄- 은 아이-처-럼- 행여 놓 아 버릴 까-봐 꼭
움 켜 쥐지-만- 그 리 움 이쫓-아 사랑 은 늘 도망-가- 잠 시-

쉬 어가면 좋을 –텐 –데– –
바람 이 분 –다 옷 깃을 세워 도– 차
가 운 이 별의– 눈 물 이 차올 라– 잊 지 못 –해 –서 가
슴 에 사무 친– 내 소 중 했던 사 람 아 사 랑–
–데– – 기 다림 도 – 애 태움– 도 다 버 려 야하는데– 무얼
찾 아 이 길을 서 성일 까 – 무 얼 찾– –아– – 여 기있–나
– 사 랑– –데– – 잠시– 쉬 어가면
– 좋을 –텐– 데– –
D.S. al Coda

비와 당신

① 고고
② 슬로우 고고
방준석 작사
방준석 작곡
미도와 파라솔 노래
G D Em B7 C D
G D
G D Em B7 C D
이젠 당신이- 그립지 않죠 보고싶은마음도 없
G D G D Em B7
죠 음-- 사랑한 것도- 잊혀가 네요-
C D G D G D
조 용 하 게 알 수 없 는건- 아 련 해 지는-
Em B7 C D G D
그 런 내 맘이- 비가오면눈 물-이나 요 음--
빛 바랜 추억- 그얼마나사무-친건 지 이--
G D Em B7 C D
아 주 오 래 전- 당 신 떠 나 던- 그 - 날 쳐 -
미 운 당 신 을- 아 직 도 나 는- 그 리 워 하 -

이젠 괜찮은 - 데 -
- 럼 -
- 네 -
사랑따윈저버렸는데 에 - - 바 보
같은난 - 눈물 - 이 날 - 까 -
안 올텐 - 데 - 잊지못한내가 싫은
다 신
데 에 - - 언 제 까 지나 -
맘은 - 아 플 - 까 - 눈물 - 이 날 - 까 -
D.S. al Coda
rit.

날 보러 와요

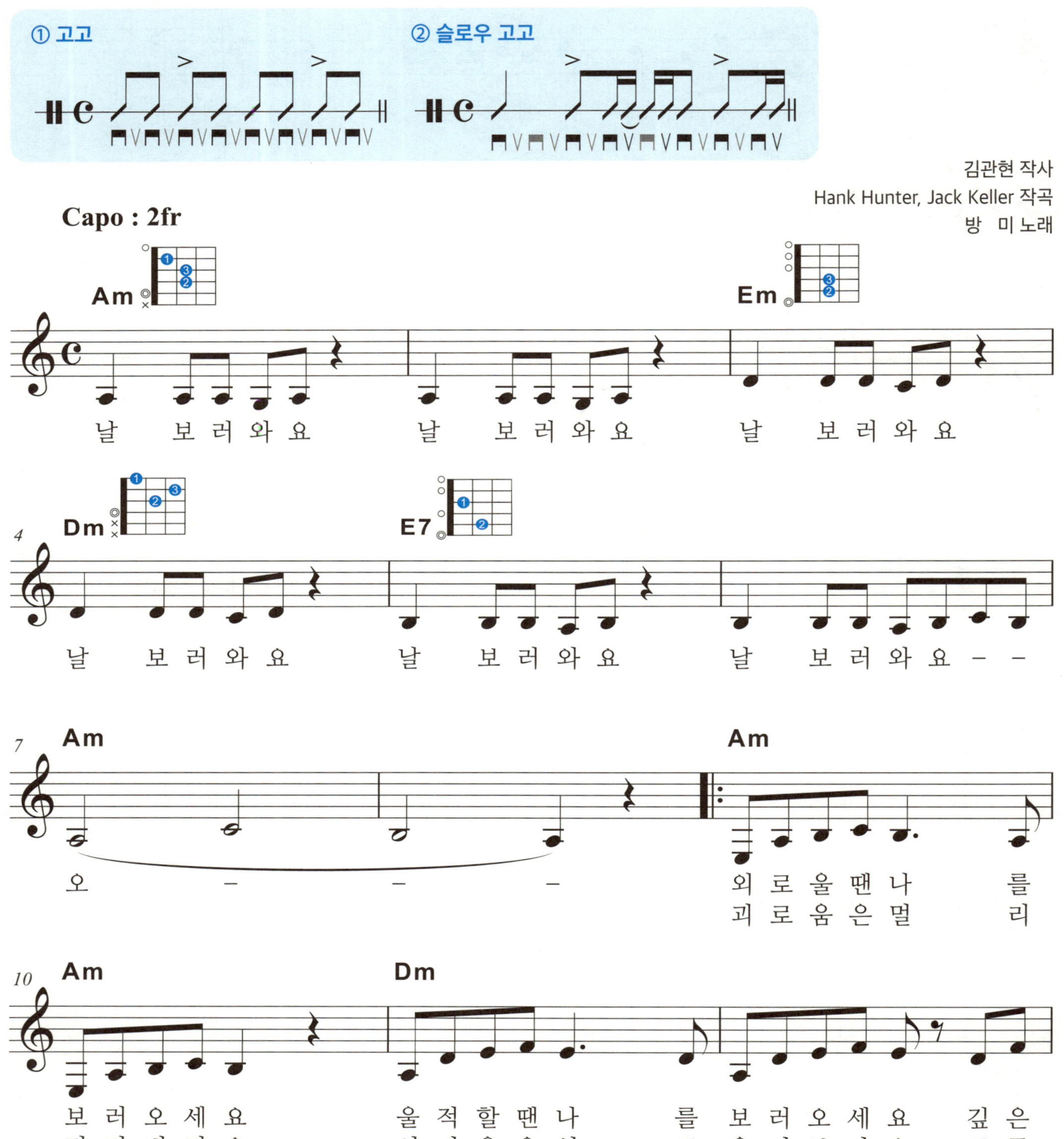

① 고고
② 슬로우 고고
김관현 작사
Hank Hunter, Jack Keller 작곡
방 미 노래
Capo : 2fr
Am
Em
Dm
E7
Am
Am
Dm
날 보러와요
날 보러와요
날 보러와요
날 보러와요
날 보러와요
날 보러와요 - -
오 - - - -
외 로 울 땐 나   를
괴 로 움 은 멀   리
보 러 오 세 요
울 적 할 땐 나   를 보 러 오 세 요   깊 은
던 져 버 려 요
서 러 움 은 잊   고 웃 어 보 아 요   포 근

E7
Am
밤 잠못들 땐 전화를해요 --- -
히 아픈마 음 감싸드릴게 --- -
G
C
E7
가 진것은없 어 마음뿐이야 거짓없는마 음하
Am
Dm
E7
Am
나 당신께만드 리겠 어요 -
B7
E
Am
아 낌없 이드리겠 어요 외로울땐나 를
Am
Dm
보 러오세요 헤이 울적할땐나 를보러오세요 오오
E7
Am
오 언제 든 지 보러오세요 --- -
D.S.

제3장

본격적인 연주

 # F코드(하이 or 바레 코드) 잡는 법

F코드와 같이 1번 손가락이 5~6줄을 눌러야 하는 '하이 코드(바레 코드)'는 앞서 **C, D, E** 등과 같은 코드들과 마찬가지로 줄을 누르는 손가락뿐만 아니라 엄지손가락의 위치와 손목의 각도가 줄을 누르는 손가락에 큰 영향을 주게 됩니다. 1번 손가락이 여러 줄을 눌러야 한다는 것부터 부담이 되기 시작하는데, 중요한 것은 코드를 잡을 때 힘만으로 줄을 누르는 것이 아니라는 것입니다.

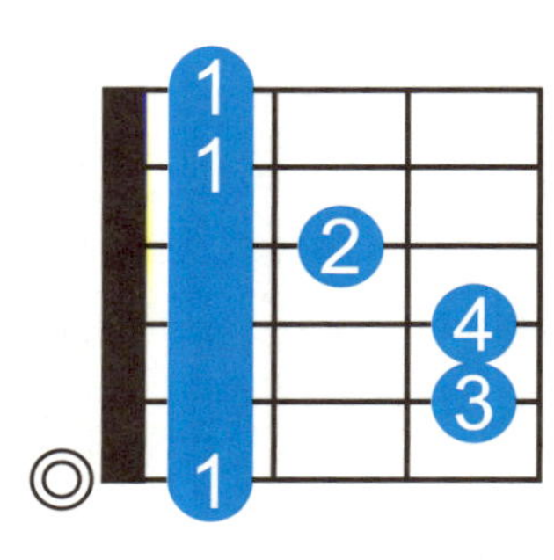
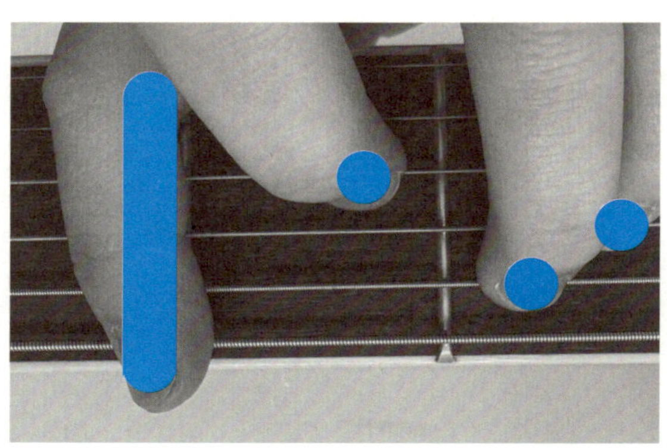

● 하이 코드(바레 코드) 쉽게 소리내기

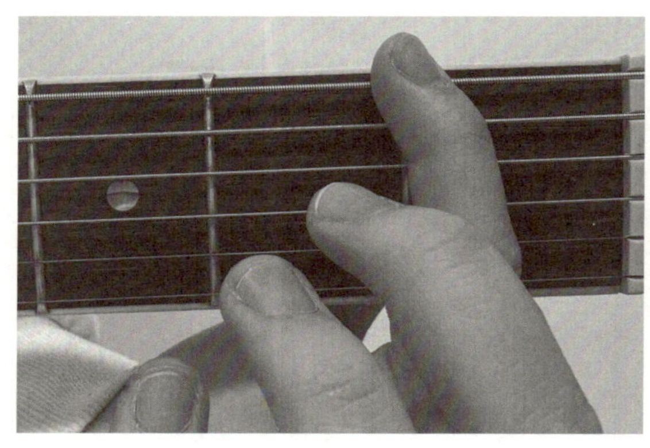

하이 코드(바레 코드)를 쉽게 소리내기 위해서는 두 가지를 꼭 기억하세요. 하이 코드를 연습할 때에는 바로 소리를 내려 하지 마시고, 손가락이 정확한 위치에 오도록 가볍게 잡아 자세를 먼저 익힌 후에 소리를 내는 것이 좋습니다.

① **1번 손가락이 줄과 닿는 부분은 손바닥 부분이 아닌, 손가락의 옆면입니다.**
손가락의 바닥 부분은 살이 많아 줄을 누르려면 많은 힘이 필요하고, 손가락이 접히는 마디 부분으로 줄이 눌릴 경우 엄청난 고통을 느낄 수 있습니다.
② **넥 뒤쪽의 엄지는 넥의 가운데, 또는 살짝 아랫부분에 위치해야 합니다.**
엄지의 역할은 앞에서 줄을 누른 손가락의 힘을 받쳐주는 역할을 하게 되는데, 1번 손가락이 줄을 누를 때 1, 2, 3번 줄에 닿는 부분이 살이 많은 부분이기 때문에 엄지손가락이 가운데 또는 하단 부분에 위치할 때 모든 줄의 소리를 잘 내기 쉽습니다.

손가락의 힘이 강하면 코드를 잡을 때 도움이 됩니다. 손가락의 힘은 코드를 연습하면서 자연스럽게 길러지지만, 손가락 악력기를 사용해 단시간에 힘을 기르는 방법도 있습니다. 악기점이나 온라인에서 트레이닝용 악력기를 볼 수 있으며, 1번 손가락의 힘이 가장 강하고, 4번 손가락은 약하기 때문에 장력 조절이 가능한 악력기 사용하여 손가락별 장력을 조절하여 연습하길 권장합니다.

악력기로 손힘을 기를 때에는 1, 2, 3, 4번 손가락이 줄을 누르는 부분인 손가락의 끝부분으로 악력기를 누르도록 연습해야 확실한 효과를 볼 수 있습니다. 악력기 연습은 빨리 눌렀다 떼는 것을 반복하는 것이 아닌, 천천히 눌렀다가 손가락으로 악력기의 장력을 느끼며 천천히 떼는 것을 반복해야 합니다.

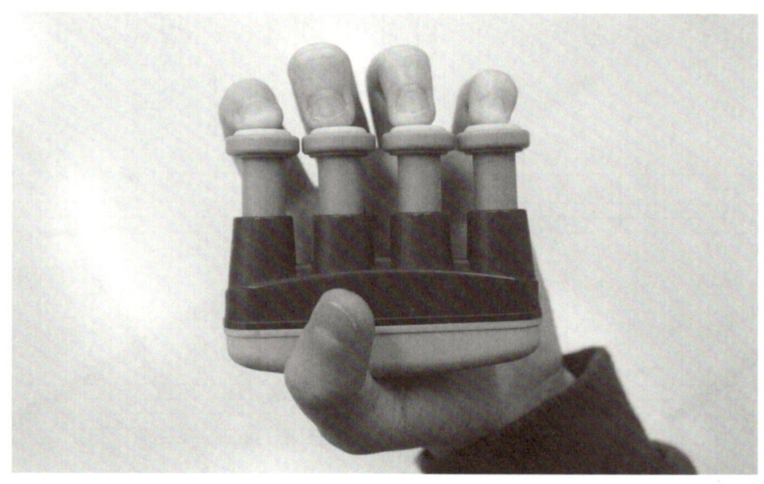

악기 연주자를 위한 트레이닝 용도의 손가락 악력기는 다양한 형태와 가격대가 있으며, 구입 전에 사용방법을 확인하시기 바랍니다.

사람이 꽃보다 아름다워

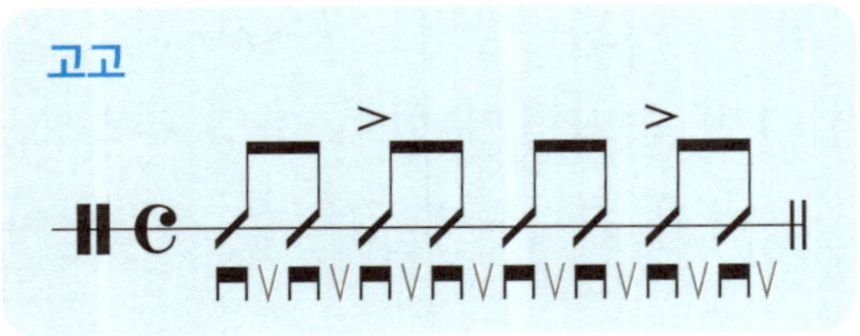

정지원 작사
안치환 작곡
안치환 노래

그슬픔에굴 하지않 고 비켜 서지 않으 며 - 어 느
결에 반-짝이는 꽃눈 을닫고 우 -렁우렁잎들 을 키우는사랑이야말 로
짙푸른숲이되고 산이되어메아리로 - 남는다는것을 - 누가뭐 래도
- 누가뭐 래도 - 사람이 꽃 보다아름다워 - 이
모든 외로 움 이겨 낸- 바 로 그사 람 - 누가뭐 래도
- 누가뭐 래도 - 그대는 꽃 보다아름다워 - 노
래의 온-길 품-고 사-는 바로그대 바로당신 바로
우리 우린참 사 랑 - -

진또배기

칼립소

김학진 작사
송 결 작곡
이찬원 노래

진또배기 진또배기 진 또 배 기 - -
모 진 비바람을 견 - 디며 - 바 다의 - 심술을 막아주고 -
말없 이마을 을 지 - 켜온 - 진또배기 진또배기
어 허 어 허 어 허 어 허 어야디야 - -
풍어 와풍년 을빌 - 면서 - 일 년 - 내 - 내 - 기원하는 -
진또배기 진또배기 진 또 배 기 - -
진또배기 진또배기 어 허어 허
어 허 어 허 어야디야 - - 어얼 쑤
D.S. al Coda

너에게 난, 나에게 넌

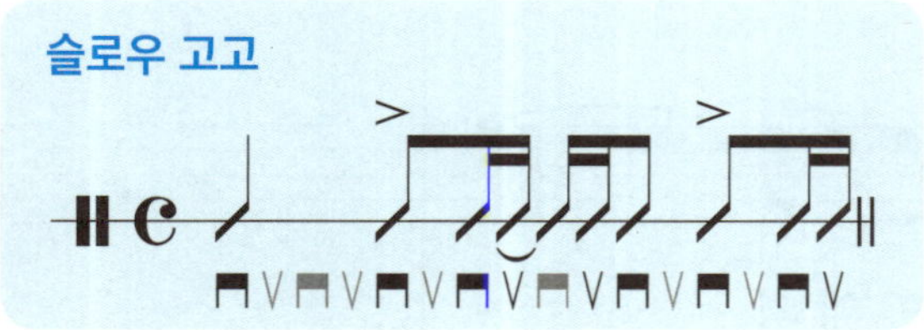

송봉주 작사
송봉주 작곡
자전거 탄 풍경 노래

한편의아 - 름녁 - -운 추억 이 -되 고 -
소중했던 - 우리
푸 르던 -날 을 - 기억 -하 며 -
우 후 회없 -이 그림 처 -럼 남 아주 -기 를
1.C D7 G D Em Bm C G Am D7
-
G D Em G7 C G Am D7
2.G D Em Bm C G
- 너에게난 -
해질 녘 노을 - 처럼 -
한편의아 - 름다 - -운
추억 이 -되 고 -
소중했던 -
우리 푸 르던 -날 을 - 기억 -하 며
G Bm Am G D7 Em G
- 우 후회없 -이 그림 처 -럼 남아주 -기를 -
3 3

넌 할 수 있어

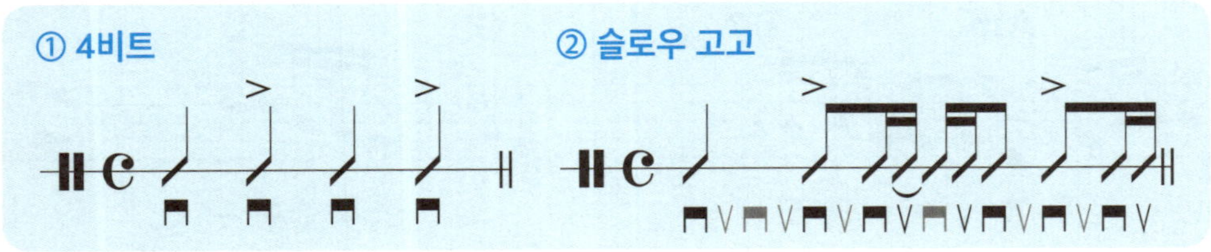

① 4비트　　② 슬로우 고고

Capo : 1fr

마음 있- -으니 -
어려워마- 두려 워마-
아무-것도- 아니 -야 -
천 천히-   눈을 감고다시- -
생각해- 보는거야- -
할 수있-을 -거야 -
할 수가 - 있어-
그게바-로 -너야 -
굴하지- - 않는
보석같은 --- -   마음있 -으니 -
굴하지- - 않는
보석같은 --- -   마음 있--- 으니-- -

② 하이(바레) 코드

● A, E로 시작하는 코드들의 하이 코드 변신

하이 코드는 1번 손가락이 여섯 줄을 다 잡는 것과 6번 줄을 빼고 1~5번 줄까지 잡는 것 두 가지가 있습니다. 이것은 코드의 근음(root)이 6번 줄에 있는지, 5번 줄에 있는지에 따라 달라집니다.

5번 줄 근음의 코드는 **A**, **Am**, **A7** 등 5번 줄 개방현을 사용하는 **A**종류 코드들이 있으며, 6번 줄 근음의 코드는 **E**, **Em**, **E7** 등 6번 줄 개방현을 사용하는 **E**종류 코드들이 있습니다.

● Am코드가 하이 코드로 변하는 과정

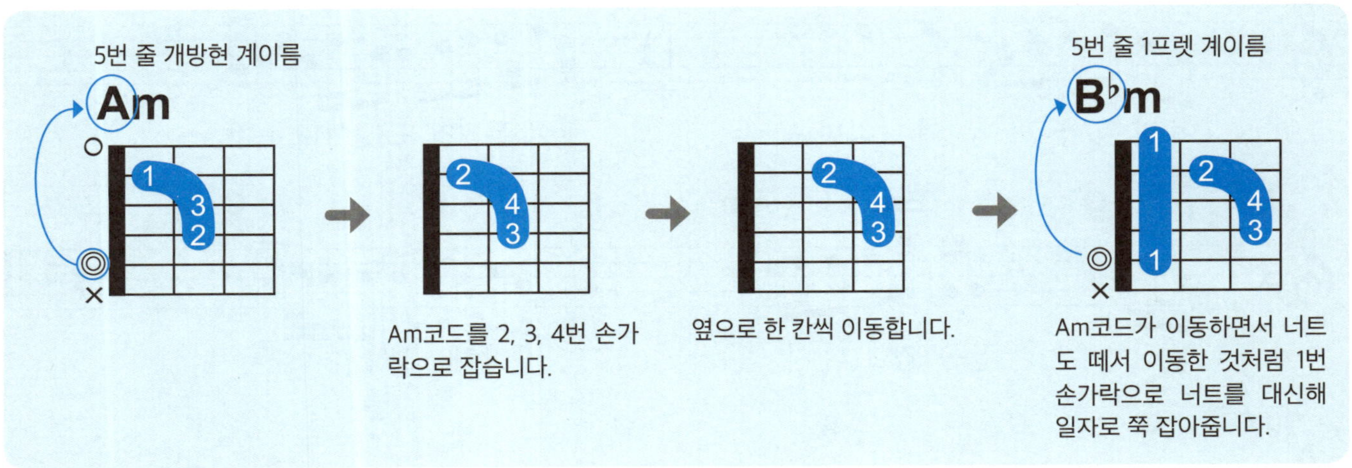

기타의 음정은 칸을 나누고 있는 프렛 1개 간격이 모두 반음 간격이기 때문에 위와 같이 **Am** 코드를 그대로 이동해도 모든 음정이 그대로 이동하므로 마이너인 것은 변하지 않습니다. 또한, 하이 코드에서 1번 손가락은 기타의 너트와 같은 역할을 하는 것이며, 카포의 역할과도 비슷하다고 할 수 있습니다.

이 원리를 이용한다면, **Am**코드를 이용해 **Bm**, **Cm** 등의 코드로 잡을 수도 있습니다.

5, 6번 줄을 근음으로 하기 때문에, 어느 위치에서 잡는지에 따라 코드의 이름이 달라지는 것입니다. 원하는 하이 코드를 잡기 위해서는 5, 6번 줄의 계이름을 알아야 하는데, 지판에 인레이(동그란 점이 있는 부분)가 있는 3, 5, 7프렛의 계이름만 알고 있어도 빠르게 하이 코드를 잡을 수 있습니다.

하이 코드는 메이저, 마이너, 마이너7th, 도미넌트7th 코드가 가장 많이 쓰입니다.

예 **F♯, F♯m, F♯m7, F♯7**

하이 코드를 편하게 사용하려면,

① 하이 코드 종류별 코드 모양을 손에 익힌다.(힘주어 줄을 누르지 않습니다)
② 3, 5, 7프렛 계이름을 숙지한다.
③ 오픈 코드를 사용하지 않고, 곡 전체를 하이 코드 만으로 연주하며 하이 코드를 연습합니다.

많이 사용되는 메이저, 마이너, 마이너7th, 도미넌트7th 코드의 6번 줄, 5번 줄 근음 하이 코드 폼은 아래처럼 정리할 수 있습니다.

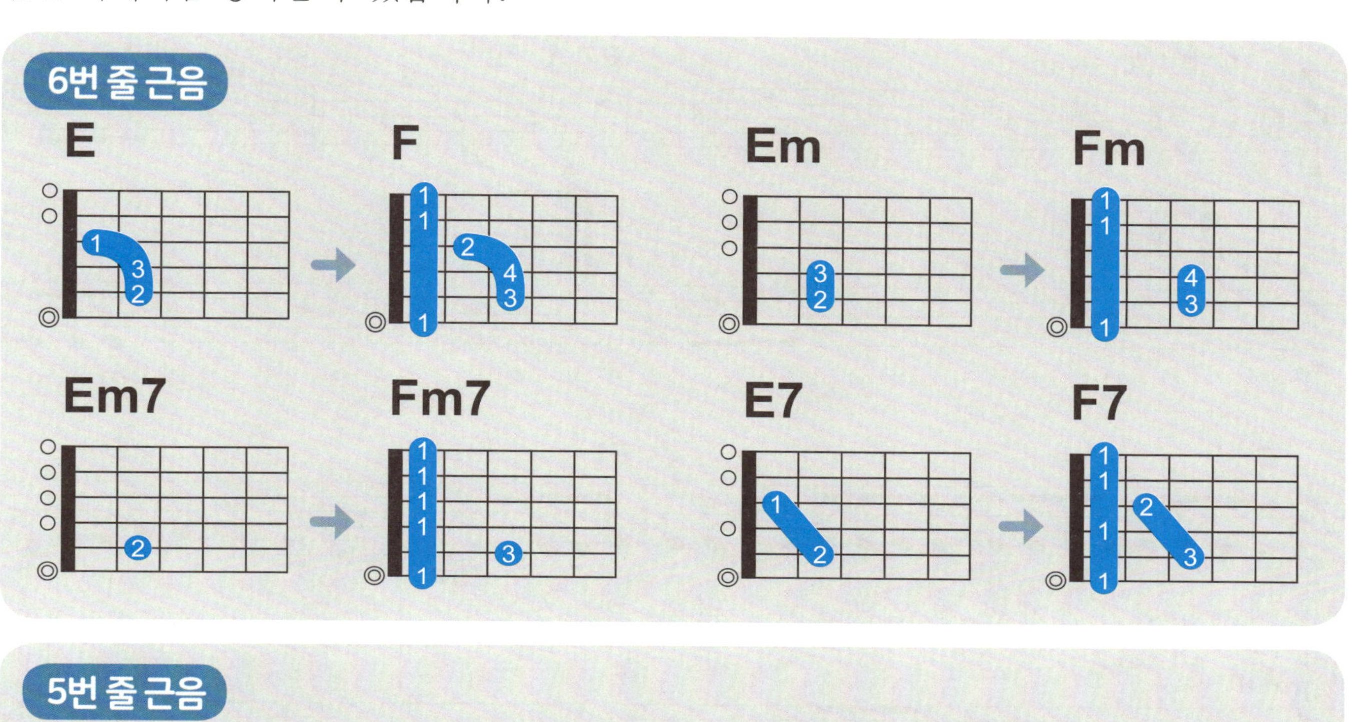

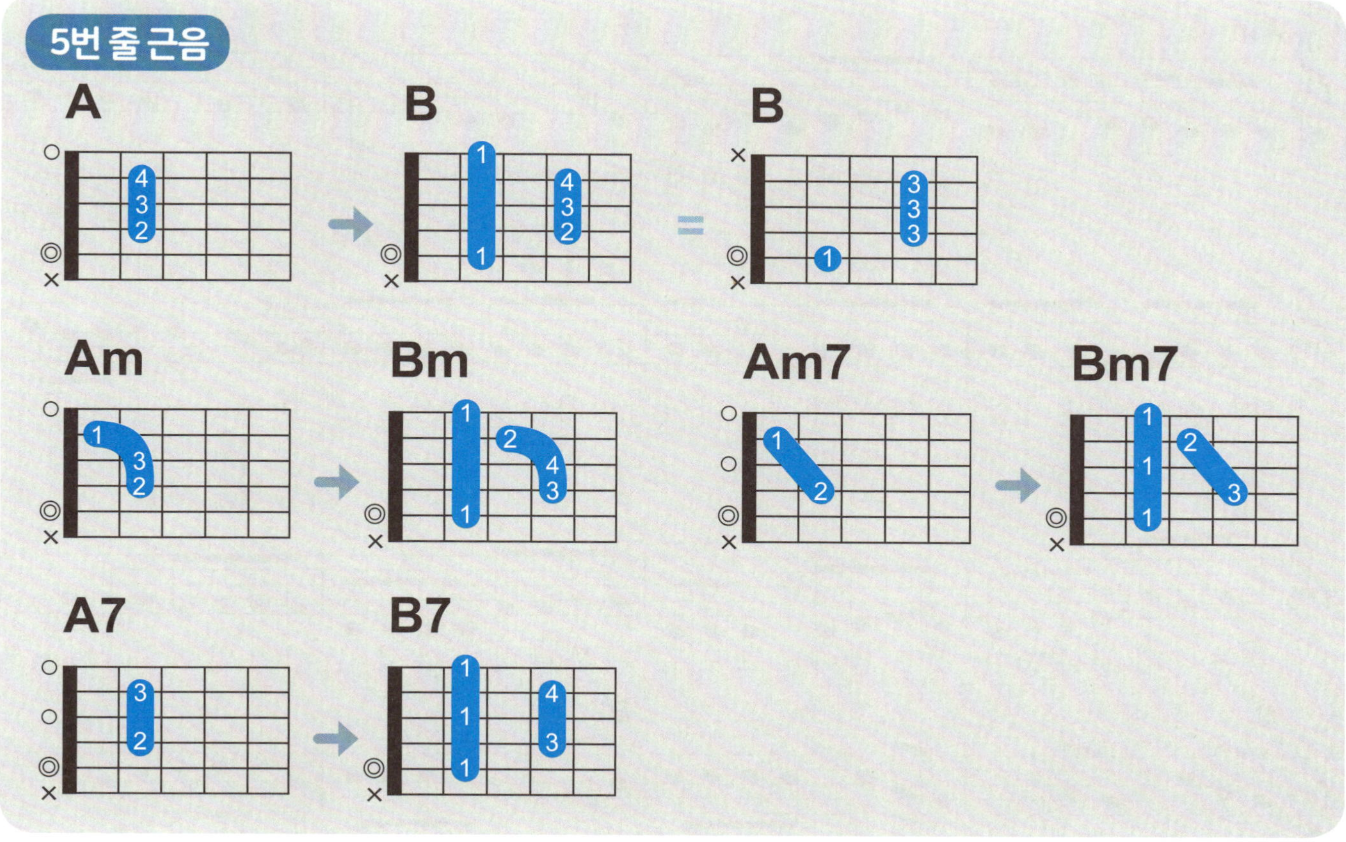

I Love You

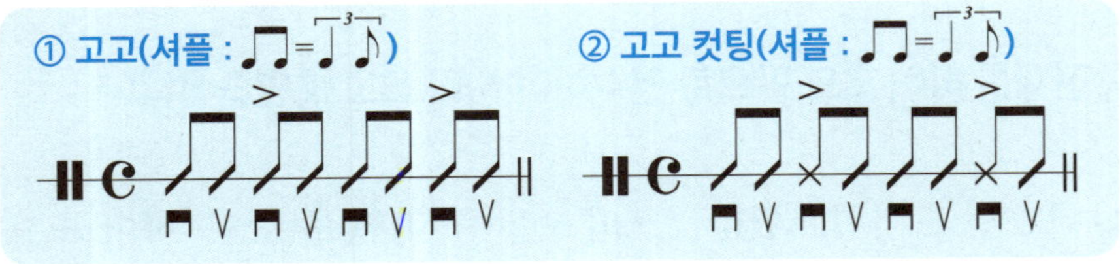

이찬혁 작사
이찬혁 작곡
악동뮤지션 노래

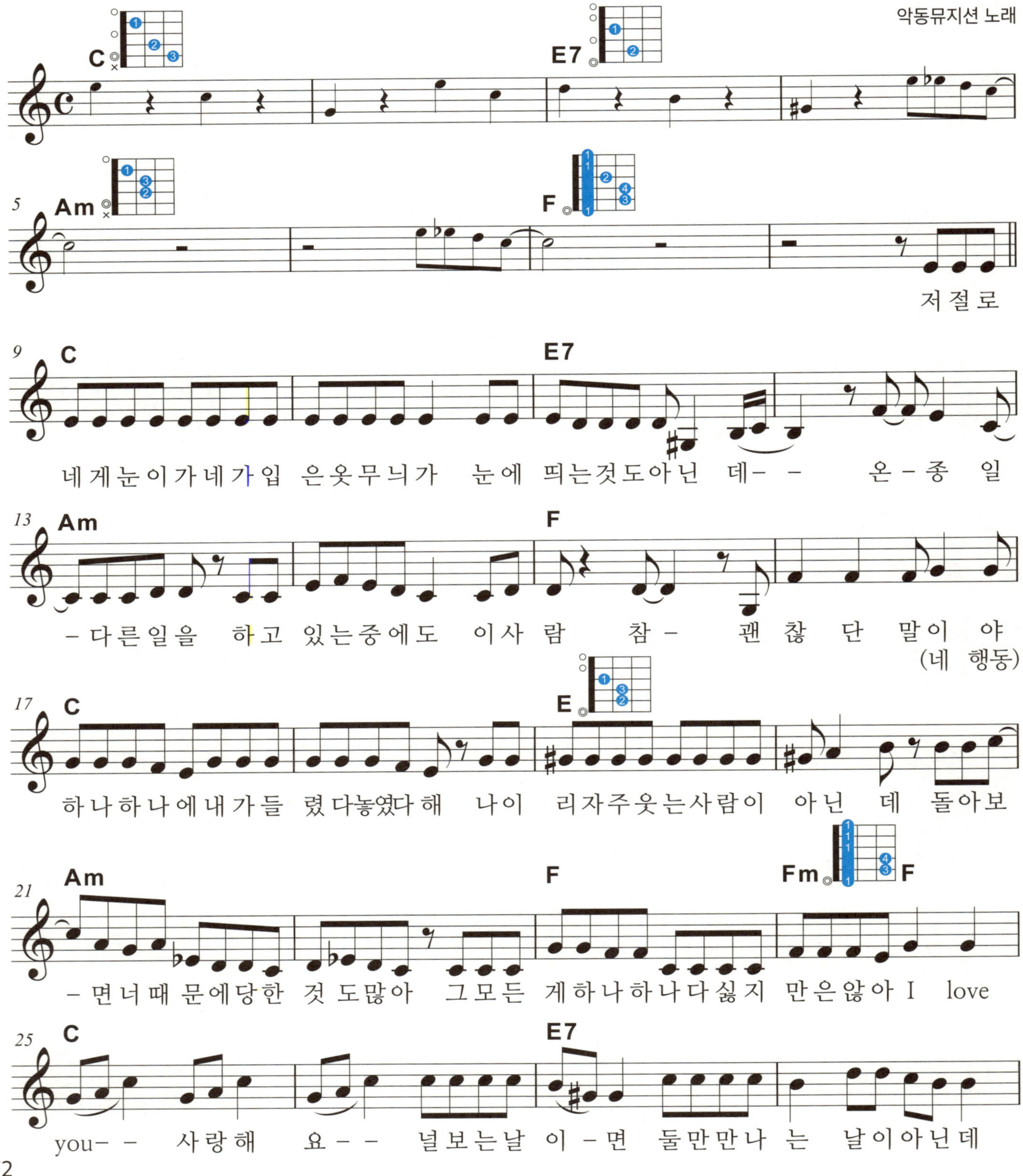

저절로

네게눈이가네가입은옷무늬가 눈에 띄는것도아닌 데 - - 온 - 종 일

- 다른일을 하고 있는중에도 이사 람 참 - 괜찮단 말이 야
(네 행동)

하나하나에내가들 렸다놓였다 해 나이 리자주웃는사람이 아닌 데 돌아보

- 면너때문에당한 것 도많아 그모든 게하나하나다싫지 만은않아 I love

you - - 사랑해 요 - - 널보는날 이 - 면 둘만만나 는 날이아닌데

Am   F   Fm   F
도 - -   너 에게만잘보 이려고막그래난그 - 래   I love

C   E7
you - -   사랑해   요 - -   널보는날 이 - 면 둘만만나 는 날이아닌데

Am   F   Fm   F
도 - - - - - -   막 설레고그런다니깐 - 요   I love

C   E7
you   -   I love you - - - woah ooh woah -   oh - you-

Am   F   Fm
- - I love you - -   I love you- - oh ooh woah -   I love

C   E7
you - -   사랑해   요 - -   널보는날 이 - 면 둘만만나 는 날이아닌데

Am   F   Fm
도 - - - - - -   막 설레고그런다니깐 - 요   -

Fm   C
I love - - -   you - - - - - - - - - - -

비행기

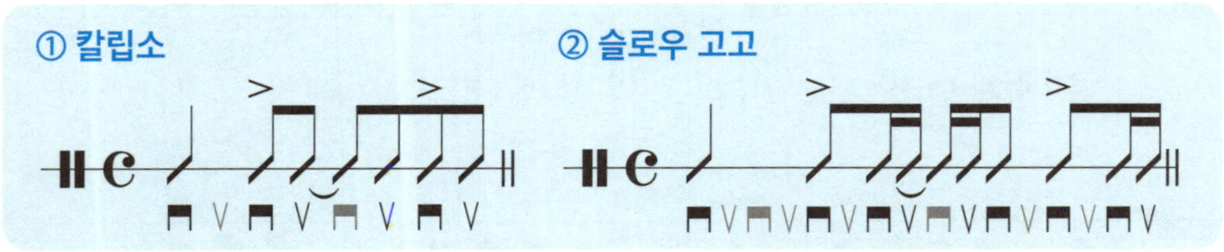

① 칼립소 ② 슬로우 고고

임성훈 작사
임성훈 작곡
거북이 노래

로- 날으는 순간-이-야 조금은 두려워 -도 - 애써
내 색 할 순없- 어 이번 이처음 이지- 만 전에 자주비행했- 었잖아
친구 들과 말썽장 이- 거북이비행-기-로 올
라타- 준비됐 -나- 수많 은- 사람들 속 을지 나쳐-
마지막게 이트 야- - 나도 모 르게안절부 절하고있어 - 이
럴땐 침착해 좀 자 연 스럽게파란 하늘위로훨- 훨날아 가 겠-죠
어 려 서꿈- 꾸 었 던 비행 기타- 고 기 다 리는 동 안아- 무 말도
못 해- 요 내 생각 말 할 순 없 어 요-

You(=I)

① 칼립소
② 슬로우 고고
안지영 작사
안지영 작곡
볼빨간사춘기 노래
Capo : 1fr
G A F#m D A D
F#m D G A F#m D
바보-야 오늘은안된다고 말 하지마 오늘-만
G A F#m D G A
-큼은내게도꼭 기 회를줘 사랑 스럽게웃는것도예
F#m D G A F#m D
쁘게말하는것도많이연습했어 보고싶어도참으라고하지마 baby-난
G A F#m D G A
-좀억지부리는것도 맞 아 오늘-도-내눈물연기로받아
F#m D G A F#m D
낸 너와의데이트 보고싶어도 매일꿈 참고있어도 나는네가 안아주기만 하면
G A F#m D G A F#m D
사르르르르 녹아--yeah- ba-by you-- you-- you-- yeah yeah

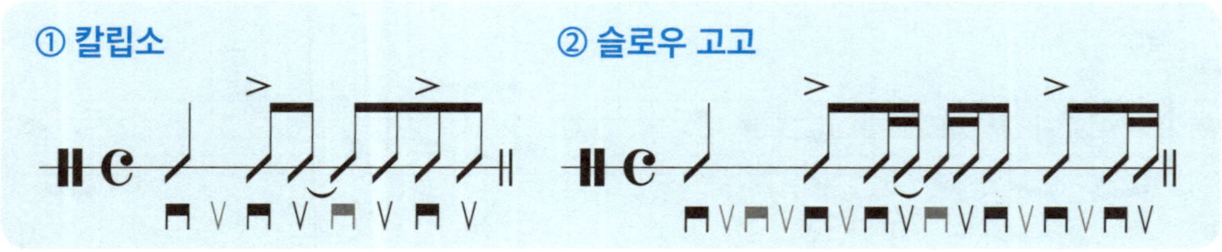

G   A   F#m   D
you－ － you－ － you－ － yeah yeah   baby－난
G   A   F#m   D   G   A
－좀 욕 심 부 리 는 것 도   맞   아   오늘－도 － 못 되 게 떼 를 써 받 아
F#m   D   G   A   F#m   D
낸 너 와 의 데 이 트   사 랑 한 다 고 매 일 꼭 표 현 못 해 도 나 는 네 가 안 아 주 기 만   하 면
G   A   F#m   D   G   A
사 르 르 르 르 녹 아 － － yeah － ba-by you－ － you－ －
F#m   D   G   A   F#m   D   G   A
you－ － yeah yeah   you－ － you－ －   you－ － yeah yeah   you－ － you－ －
F#m   D   G   A   F#m   D
you－ － yeah 서 투 른 내 맘 이 너 에 게 닿 을 까 봐   사 실
G   A   F#m   D   G   A
손 잡 는 것 도 많 이 떨 리 는 난 데   오늘－도 － 배 웠－는 －걸   널 더－닮
F#m   D   G   A   F#m   D
－ 아 가 던 걸－ 이 젠 내 가 널   닮 아 서 함 께 웃 고 있 던 걸 yeah－

우리들의 블루스

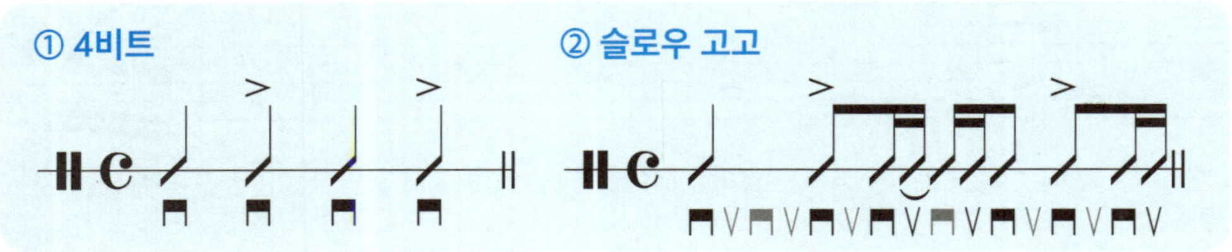

지 훈 작사
최인환, 이승주 작곡
임영웅 노래

Capo : 1fr

알 게 되겠 - 죠 그 땐웃 - 을 수 있죠 - 나 약 속할 - 게요 -
그 땐미 - 소 짓 겠죠 - 작 은 행복 - 까지 - 모 두
외 - 요 - 그 대부 - 디 울 지말 - 아 -
요 슬퍼 말아 - 요 그 대에 - 게 빛 이될 - 게 - 요 언젠 가우 - 리
시 간 지 나 - 면 알 게 되겠 - 죠 그 땐웃 - 을 수 있죠 - 나
약 속할 - 게요 - 폭 풍 속에 - 혼 자남 - 아헤 - 매도 - oh -
길 이 되어 - 지 킬 게요 - - - 그 - 대 - 그 댈위 - 해 노 래할 - 게 -
요 잊지 말아 - 요 그 댈위 - 해 약 속할 - 게 - 요 어두 운길 - 을
밝 게 비 추 - 는 - - 그 대 의 빛 - 이 - 될 게 요

소나기

SOOYOON, 한성호 작사
박수석, MOON KIM, 한성호 작곡
이클립스 노래

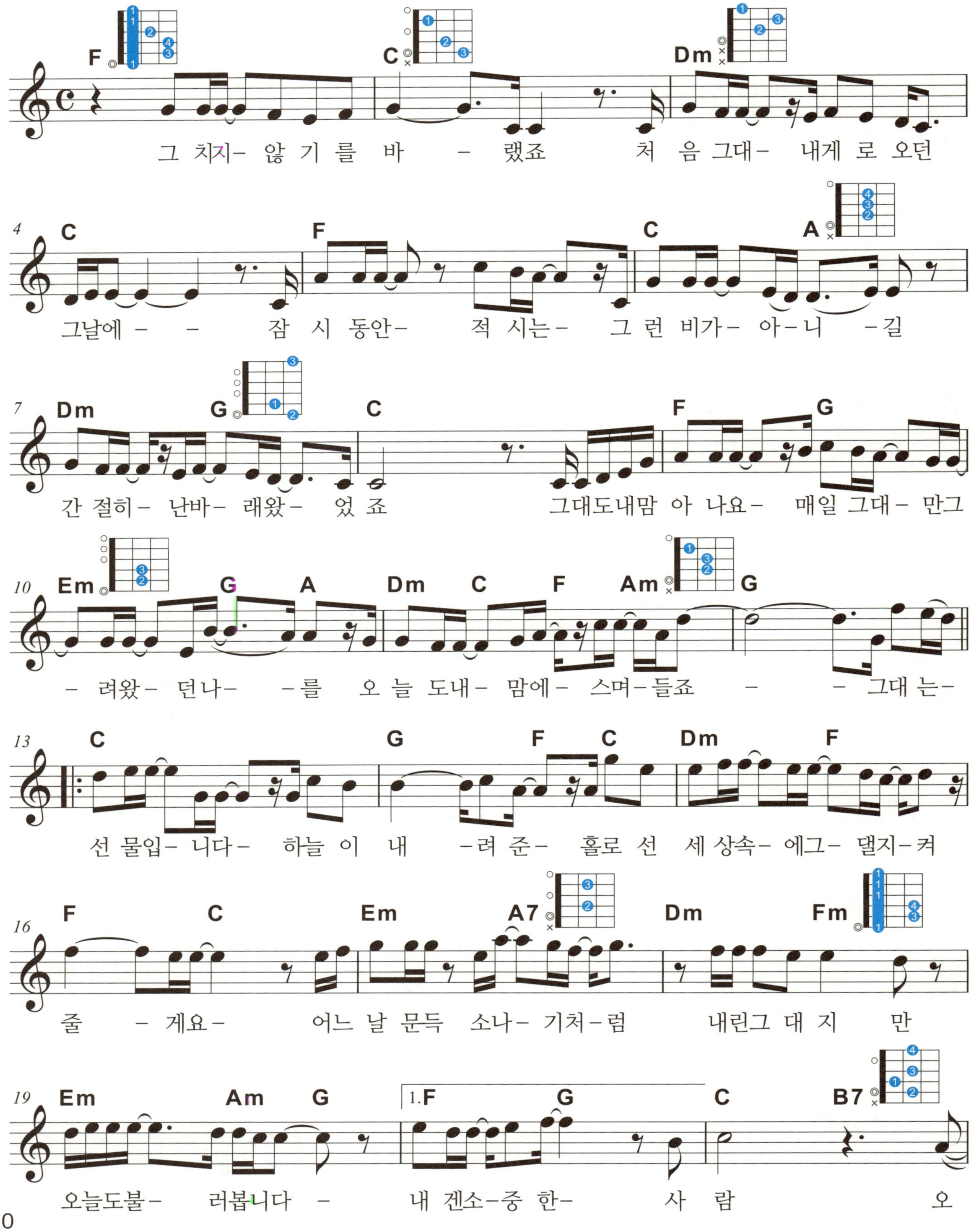

떨 어 지 는- 빗 물 이- 어 느 새 날- 깨 -우 -고
그 대- 생 각- 에 잠- -겨 요 - - 이 제 는 내 게 로 와 요- 언 제 나 처- 럼 기
- 다 리 고 있- -죠 그 대 손 을- 꼭 잡- 아 줄- 게 요 - - - - 그 대 는-
내 겐 소- 중 한- 사 람 - - - - 잊 고 싶 던- 아 픈 기 억- 들 도 - 빗 방
울 과 함- 께 흘- 려 보- 내 면 -돼 요- - - 때 로 는 지 쳐- 도 - 하 늘 이
흐 려 도 - 내 가 있 다 는 걸 잊 지 말 아 요 - - - 그 대 는-
사 랑 입- 니 다- 하 나 뿐 인 -사 랑- 다 시 는 그 대 와- 같 은- 사 랑- 없
을 -테 니- 잊 지 않 아 요 내 게- 주 었- 던 작 은 기 억 하 나 -도-
오 늘 도 새- 겨 봅 니 다 - 내 겐 선- 물 인 - 그 댈- -

❸ 컷팅 주법

컷팅 주법을 사용하면 '착'소리가 나게 되며, 리듬에 컷팅 주법을 더하면 더욱 리드미컬한 연주를 할 수 있습니다. 컷팅 주법은 왼손으로 하는 방법과 오른손으로 하는 방법이 있으며, 먼저 오른손 컷팅에 대해 알아보겠습니다.

오른손 컷팅은 모든 종류의 코드에서 사용할 수 있으며, 다운 스트로크에만 사용할 수 있습니다.

오른손 컷팅의 동작을 나누어 보면, 오른손이 위에서 줄을 향해 내려올 때

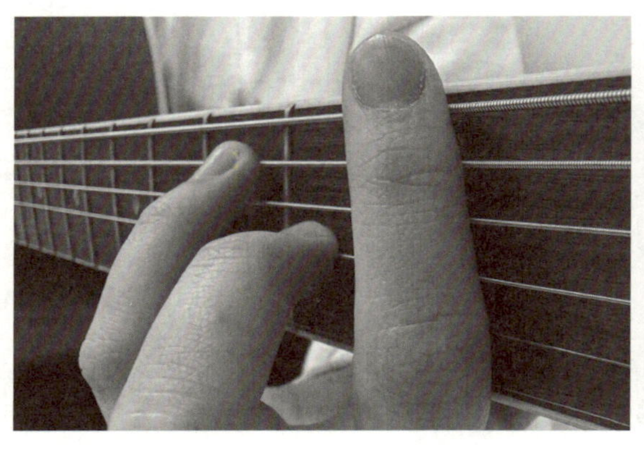
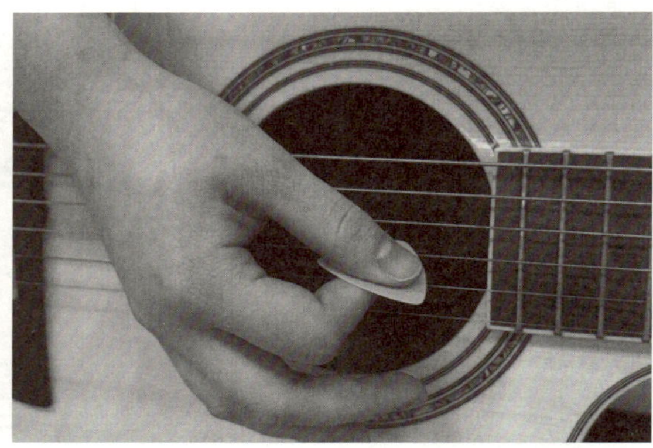

① 오른손 손날 부분으로 줄에 대고,

② 손날 부분을 줄에 비비듯이 손목을 돌리며, 다운 스트로크 합니다.

이렇게 두 가지 동작으로 나눌 수 있으며, 2번 동작에서 손날 부분이 줄에서 떨어지지 않도록 살짝 누르면서 해보세요. 왼손 컷팅은 하이(바레) 코드에서 사용하며, 다운&업 스트로크에서 모두 사용 가능합니다. 왼손 컷팅은 코드를 잡고 있는 왼손의 모양을 유지한 채로 힘을 빼고, 오른손이 줄을 쳐서 '착' 소리를 내게 됩니다. 왼손이 컷팅 주법을 위해 힘을 뺄 때, 손이 줄에서 떨어지지 않도록 유의하세요.

오른손 컷팅에 비해 간단하지만, 코드를 연주하는 중에 왼손의 힘을 조절하며 주법이 진행되기 때문에 많은 연습이 필요합니다.

● 컷팅 주법이 포함된 4비트 리듬

컷팅 주법은 음표의 머리를 ×로 표기하며, 아래와 같습니다.

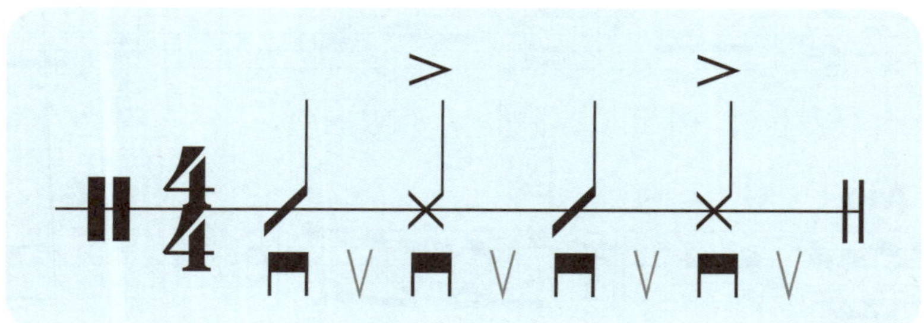

4 컷팅 주법 응용연습

컷팅 주법은 강한 소리를 내기 때문에 리듬의 2, 4번째 박에서 주로 사용하며, 간혹 곡의 시작을 알리는 카운트를 컷팅 주법으로 하기도 합니다.

···▶ 8비트 고고 리듬+컷팅

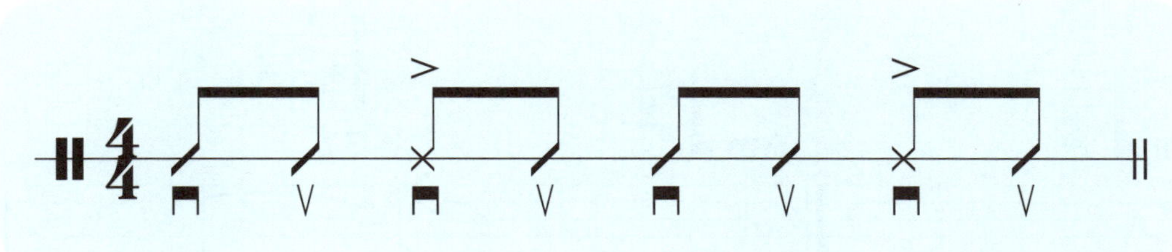

···▶ 칼립소 리듬+컷팅

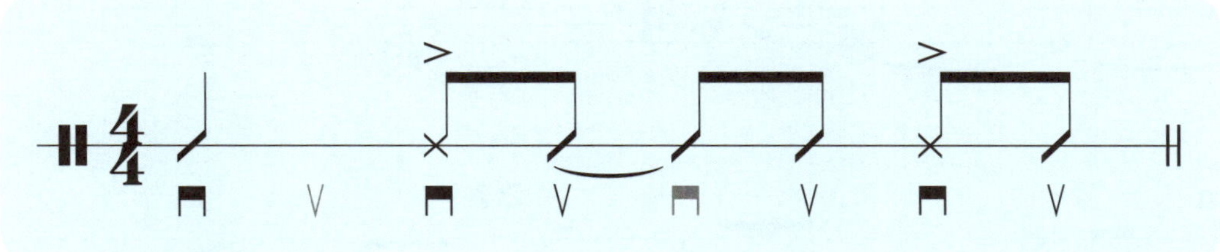

···▶ 슬로우 고고 리듬+컷팅

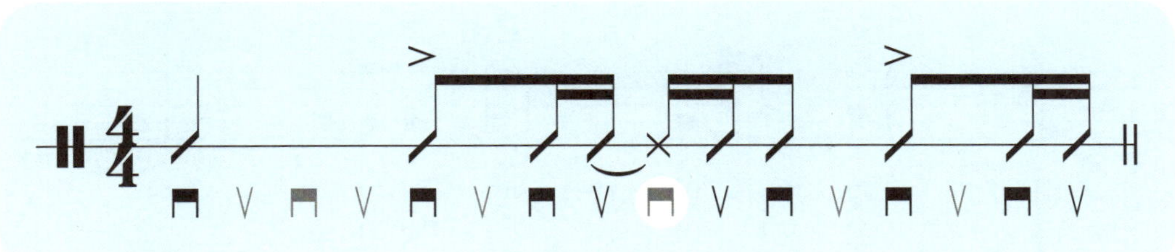

슬로우 고고에서 컷팅 주법은 원래 헛스윙 자리인 3번째 박자에 들어갑니다.

***도움말**

연습은 언제나 아주 느린 속도로 시작하세요.

그 집 앞

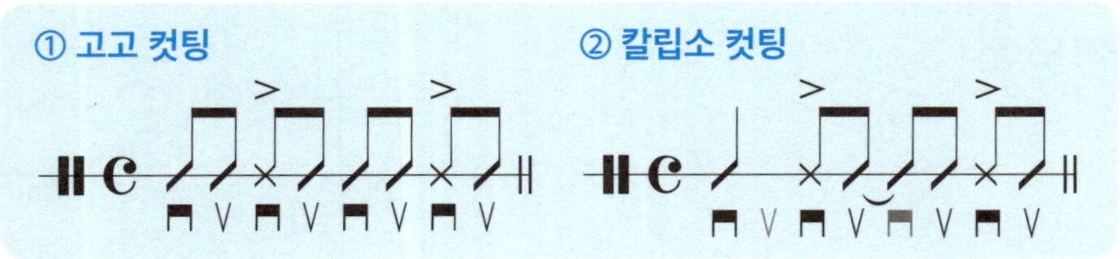

① 고고 컷팅　　② 칼립소 컷팅

이재성 작사
이재성 작곡
이재성 노래

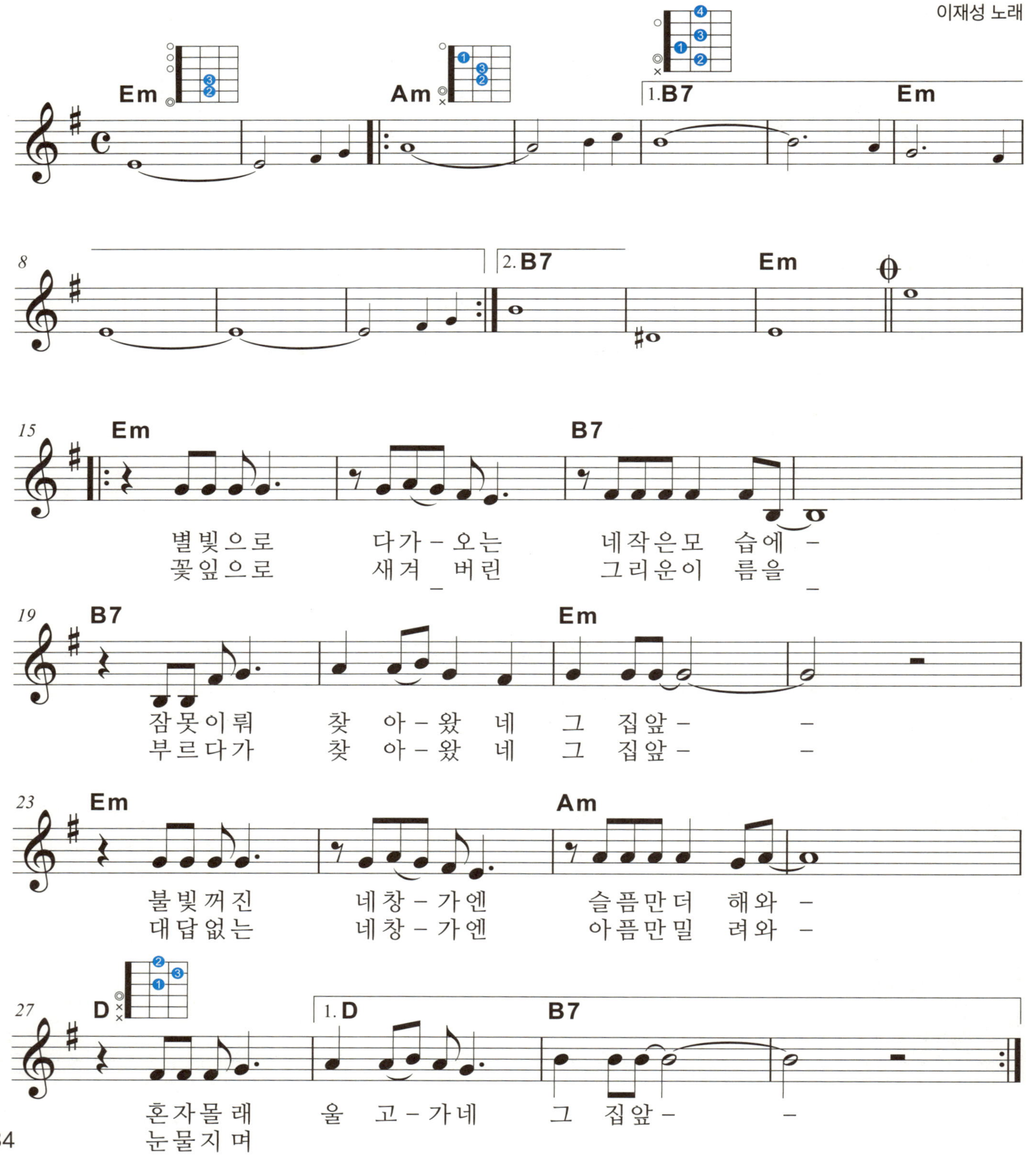

별빛으로　　다가 - 오는　　네작은모　습에 -
꽃잎으로　　새겨 _ 버린　　그리운이　름을

잠못이뤄　　찾 아 - 왔 네　그　집앞 -　　 -
부르다가　　찾 아 - 왔 네　그　집앞 -　　 -

불빛꺼진　　네창 - 가엔　　슬픔만더　해와 -
대답없는　　네창 - 가엔　　아픔만밀　려와 -

혼자몰래　　울 고 - 가네　그　집앞 -　　 -　 -
눈물지 며

돌아서네 그 집앞- - 이제 다시 -다시는 -너를
생각 -말아야지 -돌아올 수 없는 지나간시간인걸
- 이제 다시 -다시는 -울지도 -말아야
지 -어차피 잊어야 할 - 슬픈기억인걸 -
그집 앞 -우 우 - -난아직떠 날-수 없어
- 그집 앞 -우 우 - -난너를지 울-수 없어
- 그집 앞 -우 우 - -난아직떠 날-수 없어
- 눈물 속 에 서 성이 -네 그- 집앞 -
D.C. al Coda

해운대 연가

정찬우 작사
이호준 작곡
전 철 노래

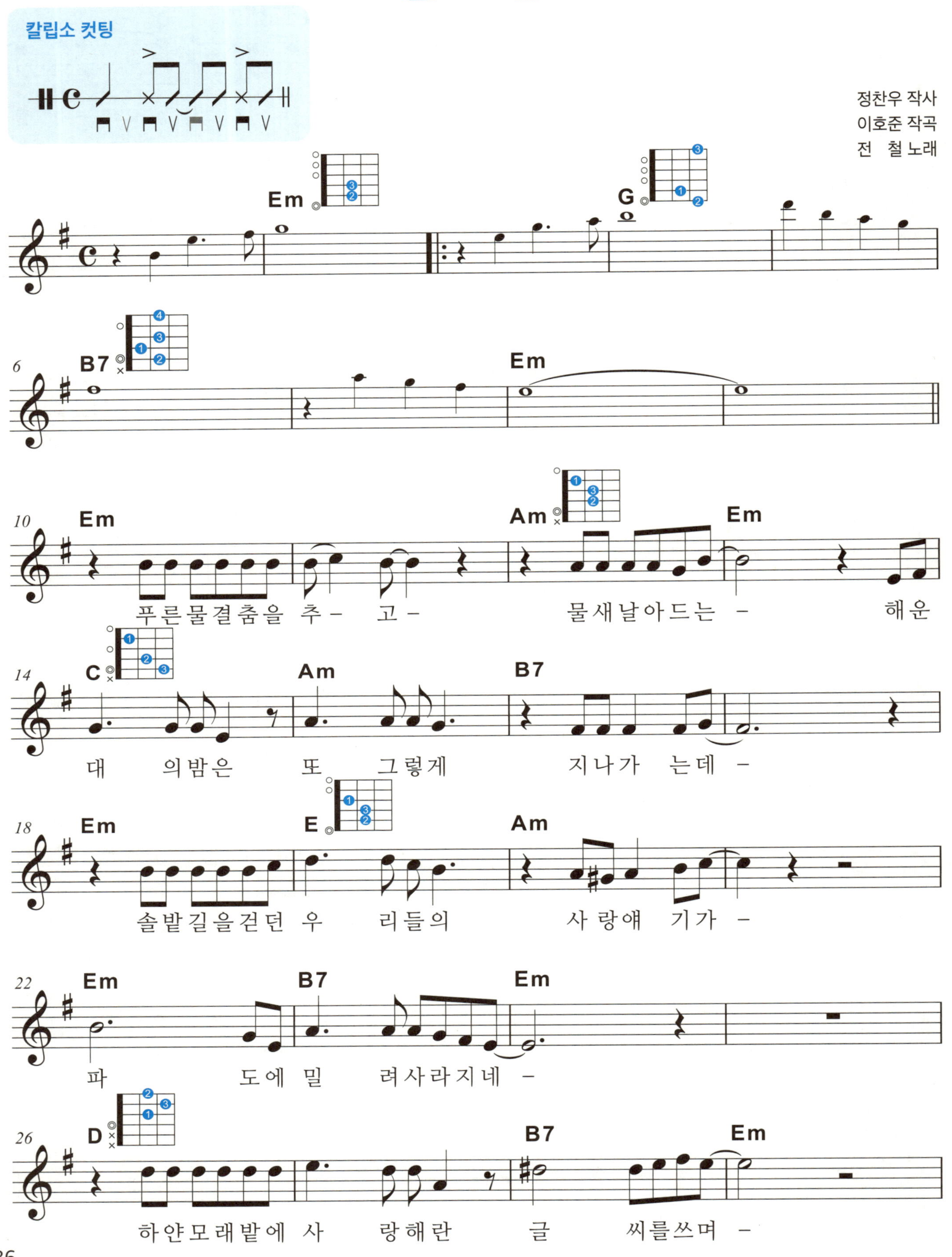

D G B7
영원히날 사 랑한다 맹세하던그대 -
B7 Em
널 널 널 -사 랑해 - 떨리
C D G B7
는 내 입 술에 키스해주던너 -
Am Em
보 고싶 - 은 사 람 - 추 억속 - 의 그 대 해 -
B7 Em
운 대 의 사랑이여 - - -
Am Em
보 고싶 - 은 사 람 - 추 억속 - 의 그 대 - 해 -
B7 Em
운 대 의 사랑이여 -
Am B7 Em

인사

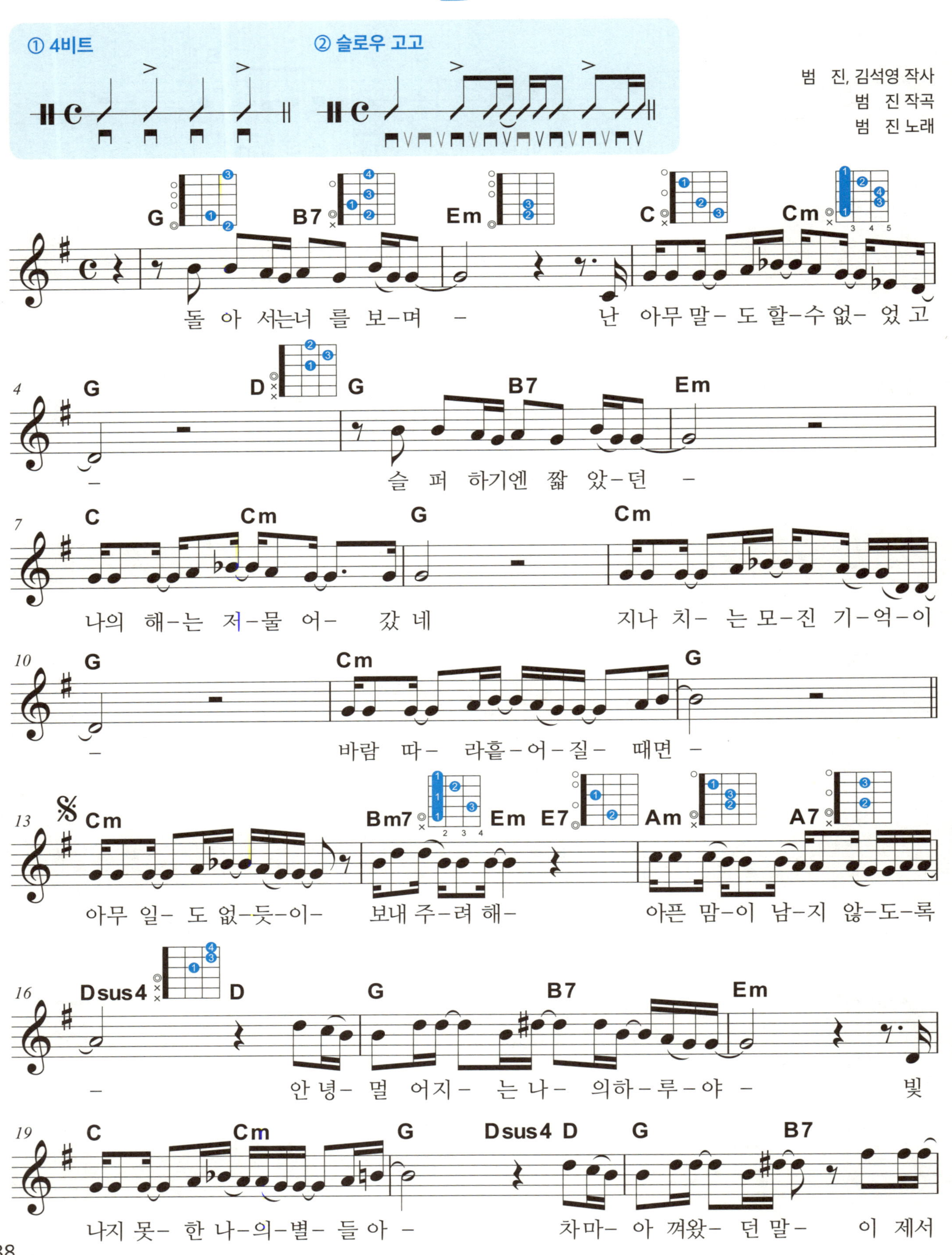

① 4비트
② 슬로우 고고
범 진, 김석영 작사
범 진 작곡
범 진 노래
G
B7
Em
C
Cm
돌 아 서는너 를 보－며 － 난 아무 말－ 도 할－수 없－ 었 고
G
D
G
B7
Em
－ 슬 퍼 하기엔 짧 았－던 －
C
Cm
G
Cm
나의 해－는 저－물 어－ 갔 네 지나 치－ 는 모－진 기－억－이
G
Cm
G
바람 따－ 라흩－어－질－ 때면 －
Cm
Bm7
Em E7
Am
A7
아무 일－ 도 없－듯－이－ 보내 주－려 해－ 아픈 맘－이 남－지 않－도－록
Dsus4
D
G
B7
Em
－ 안 녕－ 멀 어지－ 는 나－ 의하－루－야 － 빛
C
Cm
G
Dsus4 D
G
B7
나지 못－ 한 나－의－별－ 들아 － 차마－ 아 껴왔－ 던 말－ 이 제서

-야 - 잘지 내- 인사를 보-낼 게 -
보-낼 -
떠 나 가는너 를 보-며 - 난
아무 말-도 할-수 없- 었 고 - 슬 퍼 하기 엔 짧-았-던
나의 해- 는 저-물-어- 갔 네
돌이 킬- 수 없-는 추-억-이 - 바람 따- 라흘-어-질- 때면
D.S. al Coda
- 게 - - - - 잘지 내- 인사를 보-낼 게

사랑 TWO

이경희 작사
임철준 작곡
윤도현 노래

① 4비트
② 슬로우 고고

D   A   Bm   G
나 의 하 루 를- 가만 -히   닿아 주 -는 너   은은

D   A   Em   Bm
한   달빛따 -라 - 너의모 -습   사라지 -고   홀로

G   D   C   Asus4   A
남은 -   골목길 엔   수줍은 -   내마음 만

D   A   Bm   G
나 의 아 픔을- 가만 -히   안아 주 -는 너   눈물

D   A   Em   Bm
흘린   시간뒤 -엔 - 언제나 -   네가있 어   상처

G   D   C   A7
받은 -   내영혼 엔   따뜻한 -   네손길 -만 -

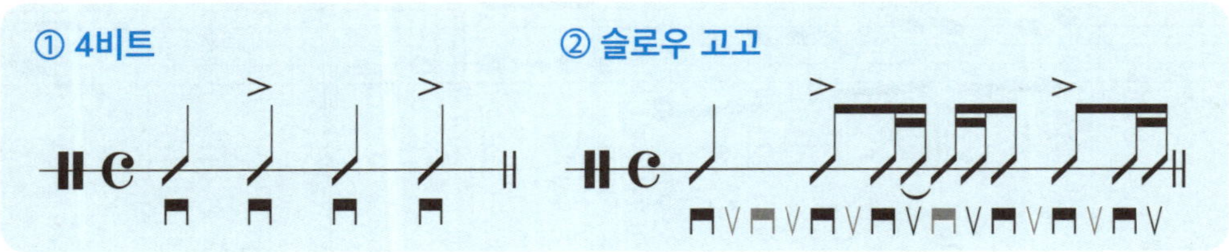

처음 엔- 그냥- 친 군 줄만알았 어- 아 무 색 깔없- 이 - 언
제나 영원 하길 또다 시사 랑이- 라 부르진 - 않아-
아 무 아 픔없- 이 너 만은 - 행 복 하길 - - - - - 워우
워 우예- - 예 - 널 만 나면- 말없 이 있 어도-
또 하 나 의나- -처럼- 편 안 했 던-거야- 널 만 나면- 순수
한 네 모습- 에 철 없 는아- 이처-럼 잊 었 던-거야-
내껜너무소 중한 -너- 내껜너무행 -복 한 -너 -

널 사랑하겠어

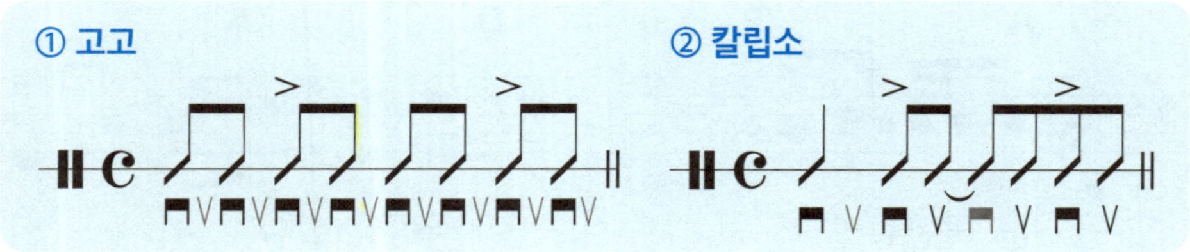

① 고고　　② 칼립소

김창기 작사
김창기 작곡
동물원 노래

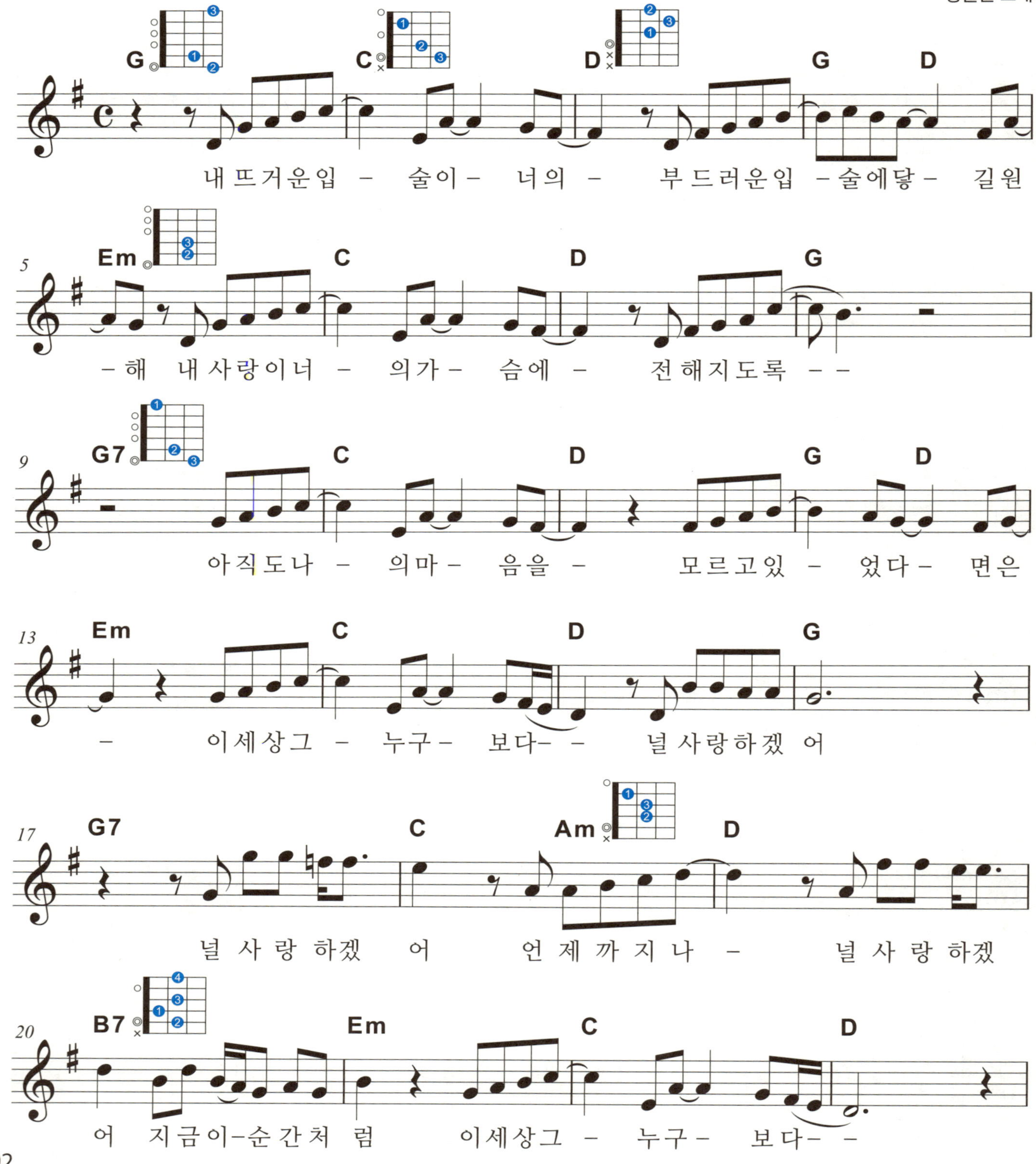

내 뜨거운입 - 술이- 너의 - 부드러운입 -술에닿- 길원

-해 내 사랑이너 - 의가- 슴에 - 전해지도록 - -

아직도나 - 의마- 음을 - 모르고있 - 었다- 면은

- 이세상그 - 누구- 보다- - 널 사랑하겠 어

널 사랑 하겠 어 언제 까지나 - 널 사랑 하겠

어 지금이-순간처 럼 이세상그 - 누구- 보다- -

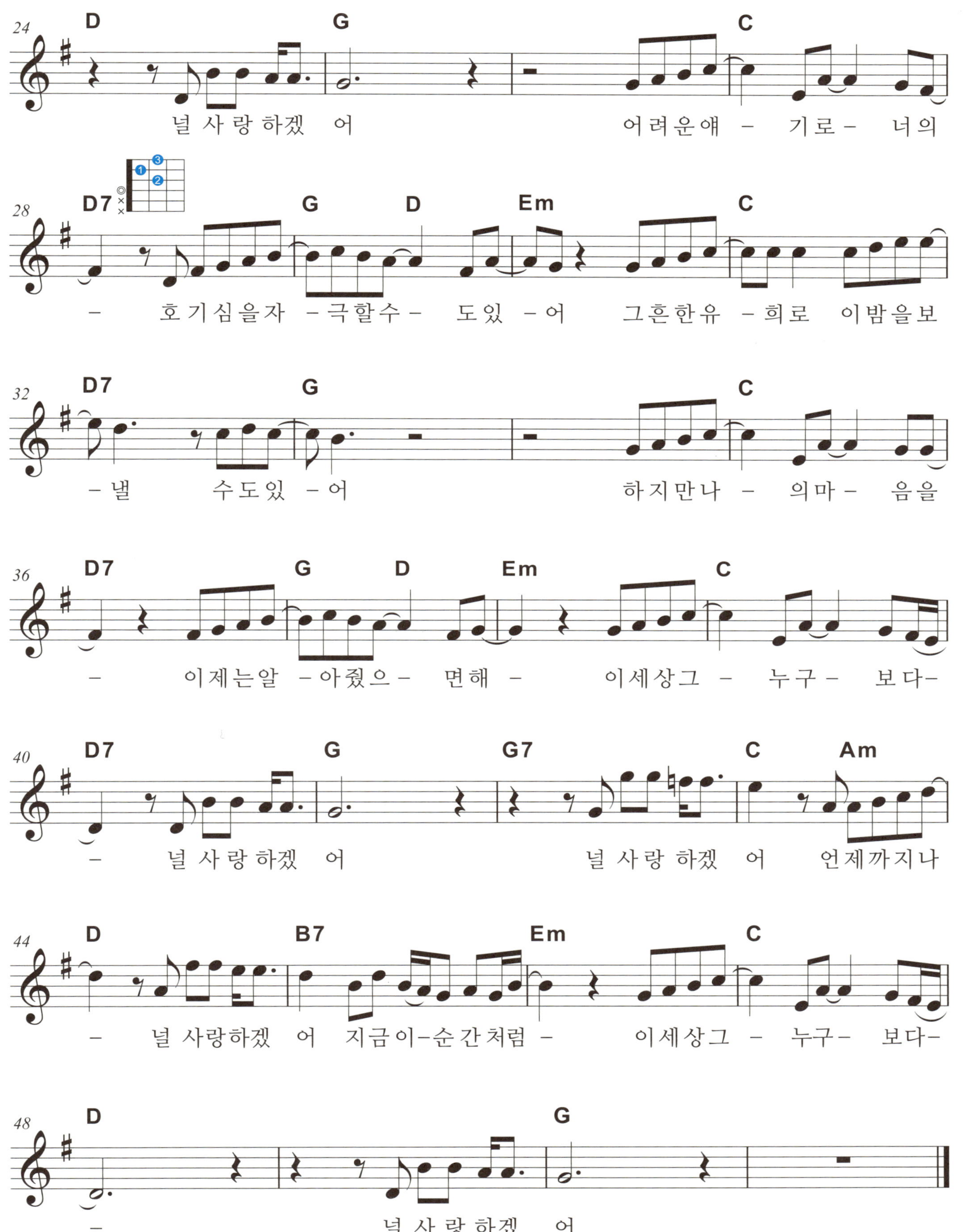

24 D G C
널 사 랑 하겠 어   어려운애 - 기로 - 너의

28 D7 G D Em C
- 호기심을자 -극할수- 도있 -어 그흔한유 -희로 이밤을보

32 D7 G C
- 낼 수도있 -어 하지만나 - 의마 - 음을

36 D7 G D Em C
- 이제는알 -아줬으- 면해 - 이세상그 - 누구 - 보다-

40 D7 G G7 C Am
- 널 사 랑 하겠 어 널 사 랑 하겠 어 언제까지나

44 D B7 Em C
- 널 사랑하겠 어 지금이-순간 처럼 - 이세상그 - 누구- 보다-

48 D G
- 널 사 랑 하겠 어

내일

① 4비트
② 고고(셔플 : ♪♪ = ♪ ♪)
김수철 작사
김수철 작곡
김수철 노래
Em
Am
Em
B7
Em
E7
Am
B7
Em
Em
Am
G
B7
Em
E7
Am
D
B7
Em
Em
Am
D
G
B7
Em
Am
D
스쳐 가는 은빛 사연 들이 밤하 늘에 가득차 고
풀나 무에 맺힌 이슬 처럼 외로 움이 -찾아드 네
흘러 흘러 세월 가면 무 엇이 될 - 까
멀고 도먼 방랑 길을 나 홀로 가야하

Bm코드 체인지를 빨리 하기 힘들면 D코드로 연주하세요.
24 G B7 Bm(D) Em G B7
나 한송 이 꽃이될 까 내일 또 - 내
28 Em Am
일
31 Em B7 Em E7
34 Am B7 Em
37 Em Am D G B7
흘러 흘러 세월 가면 무 엇이 될 - 까
41 Em Am D G B7
멀고 도면 방랑 길을 나 홀로 가야하 나 한송
45 Bm(D) Em G B7 Em
이 꽃이될 까 내일 또 - 내 일
49 G B7 Em G B7 Em
rit.
내일 또 내 일 내일 또 내 일

눈오는 밤

① 4비트
② 고고(셔플)
조하문 작사
조하문 작곡
조하문 노래

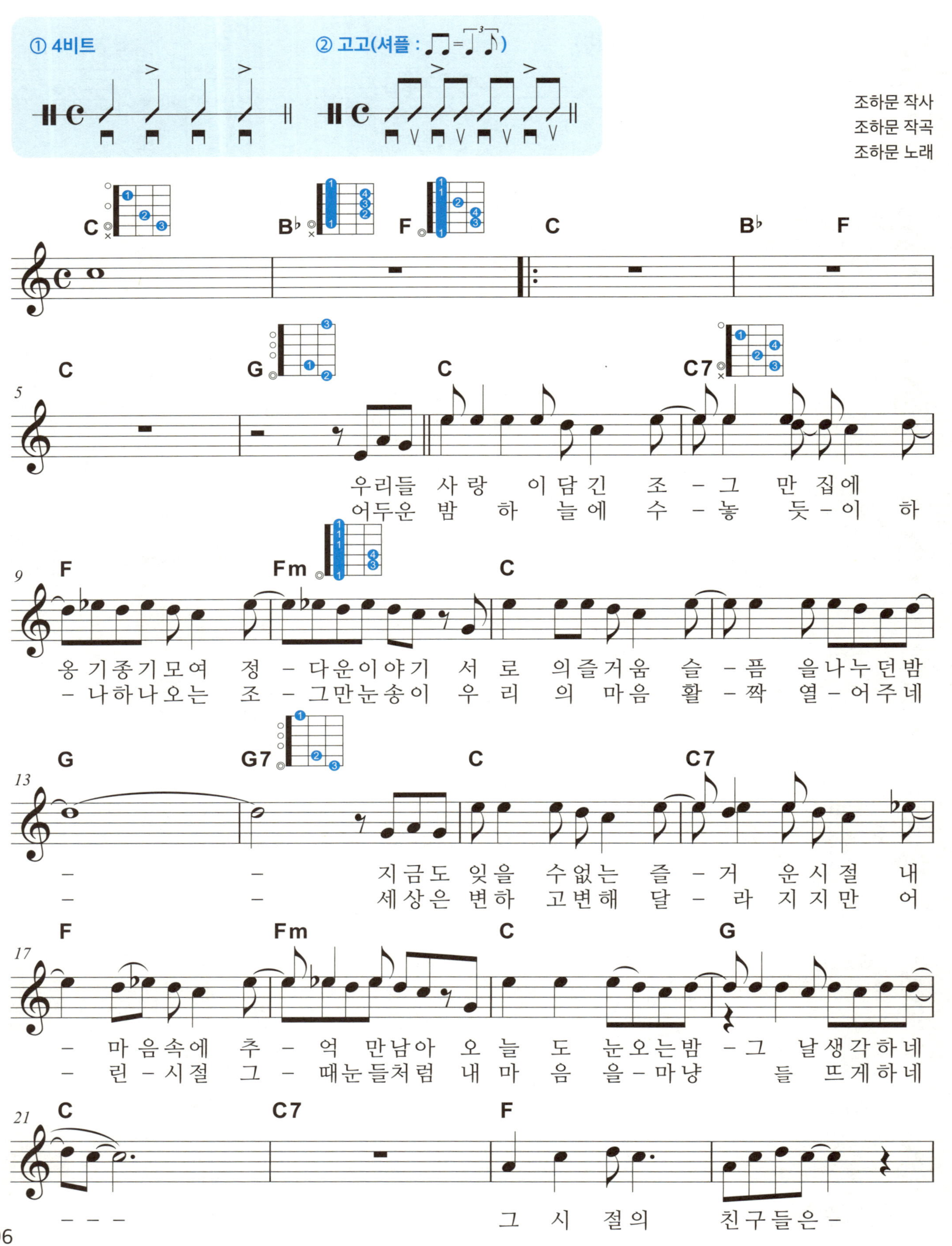

C B♭ F C B♭ F
C G C C7
우리들 사랑 이담긴 조 - 그 만 집에
어두운 밤 하 늘에 수 - 놓 듯 - 이 하
F Fm C
옹 기종기모여 정 - 다운이야기 서로 의즐거움 슬 - 픔 을나누던밤
- 나하나오는 조 - 그만눈송이 우리의 마음 활 - 짝 열 - 어주네
G G7 C C7
지금도 잊을 수없는 즐 - 거 운시절 내
세상은 변하 고변해 달 - 라 지지만 어
F Fm C G
- 마 음속에 추 - 억 만남아 오 늘 도 눈오는밤 - 그 날 생각하네
- 린 - 시절 그 - 때눈들처럼 내 마 음 을 - 마냥 들 뜨게하네
C C7 F
그 시 절 의 친구들은 -

어디에서무-얼할까- 우리들의얘-기할까- 누
-구를만-나든지 자랑하고싶은 우-리들의친구 이-야기들 세월이
흘러흘러가서 먼-훗날이라도 그-때그친구들 다-시만나겠지 오
늘도 눈오는밤-그 날생각하네 - - -
오늘도눈오는밤-그 날생각하네 - - -

내일을 기다려

① 4비트
② 슬로우 고고
Capo : 2fr
G Em C D Am
김준기 작사
김준기 작곡
박강성 노래
잊어야한－다고 － 눈을 감 으면－－ 가까운빛－으로 － 다가
하지만어－쩌다 － 그리 울 때면－－ 지나간날－들을 － 사랑
오는 것－－을－ 낙엽이지 －기전에－ 돌아 서 려니－－
이라 여－기고－ 흐르는시 －간속에－ 나는 달 래며－－
벌써 눈 이 내 리네 － － 아는 지모르는지 － 웃음
잊을 수 는 없 을까 － －
만 보이－ 던 그 대가－－ 커피한 잔의추 억은아 닌 거 야 － －
이렇 게흘러가는－ 세월 속 에 서 슬픈사 랑의비 밀을간직한 －채 － 또다
시 － － － － － － 내일을 기다려－ 내 일을 기 다 려－－

아름다운 세상

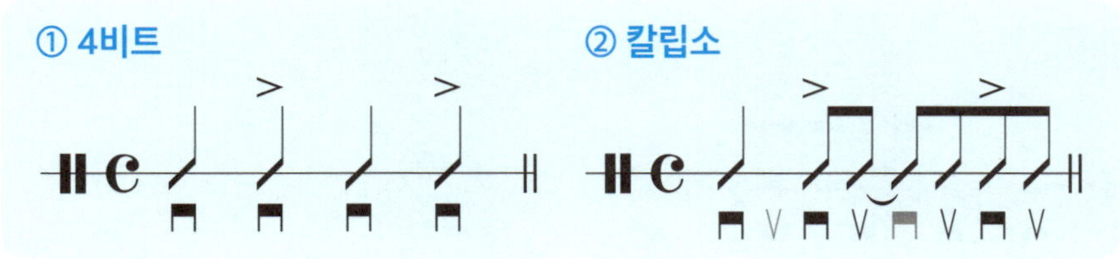

박학기 작사
박학기 작곡
박학기 노래

99

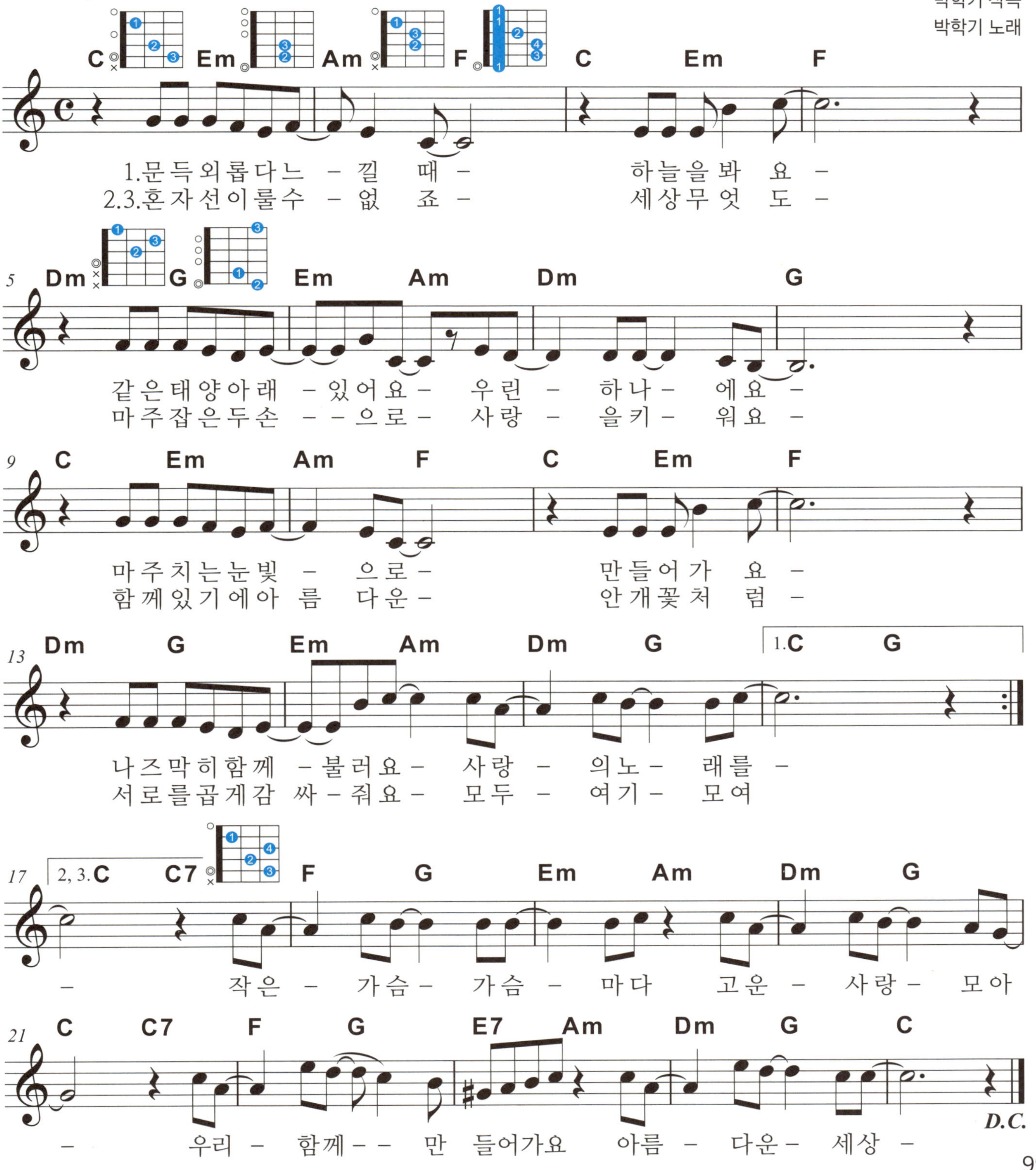

미치게 그리워서

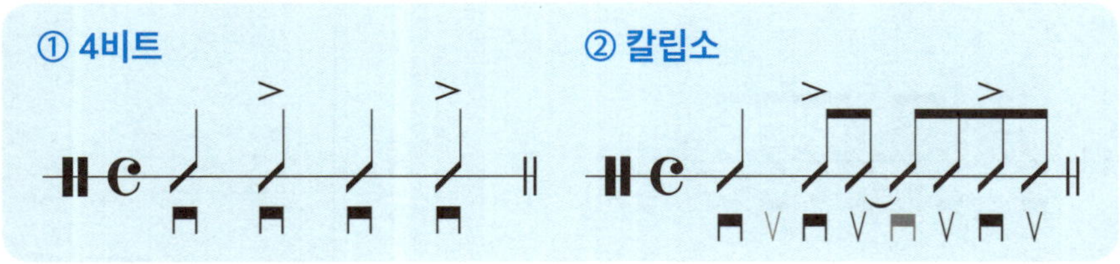

유해준 작사
유해준 작곡
유해준 노래

Capo : 2fr

나 쓸쓸히걷-다가 - 문득 너 생-각나서- 허 전한맘에- 술 한잔
한다- 세상이잔-인 하다- 가진건없-지-만- 남은
D.S. al Coda
내사랑을다준 한 - 사람 너에게 미쳐- 사랑이 미쳐- 너에
게 로달-려간다- - 아주가 -끔 가 -끔
미 치게그 - 리워서 - 멍하니하 - 늘에기 - 대 어 - 너의
안부를묻-곤한다- 너도 가 -끔 조 -금 내생각나-긴하니-
미칠듯사 - 랑한기 - 억 에- 죽을 만큼널보 - 고싶다-

꿈

① 4비트　② 칼립소

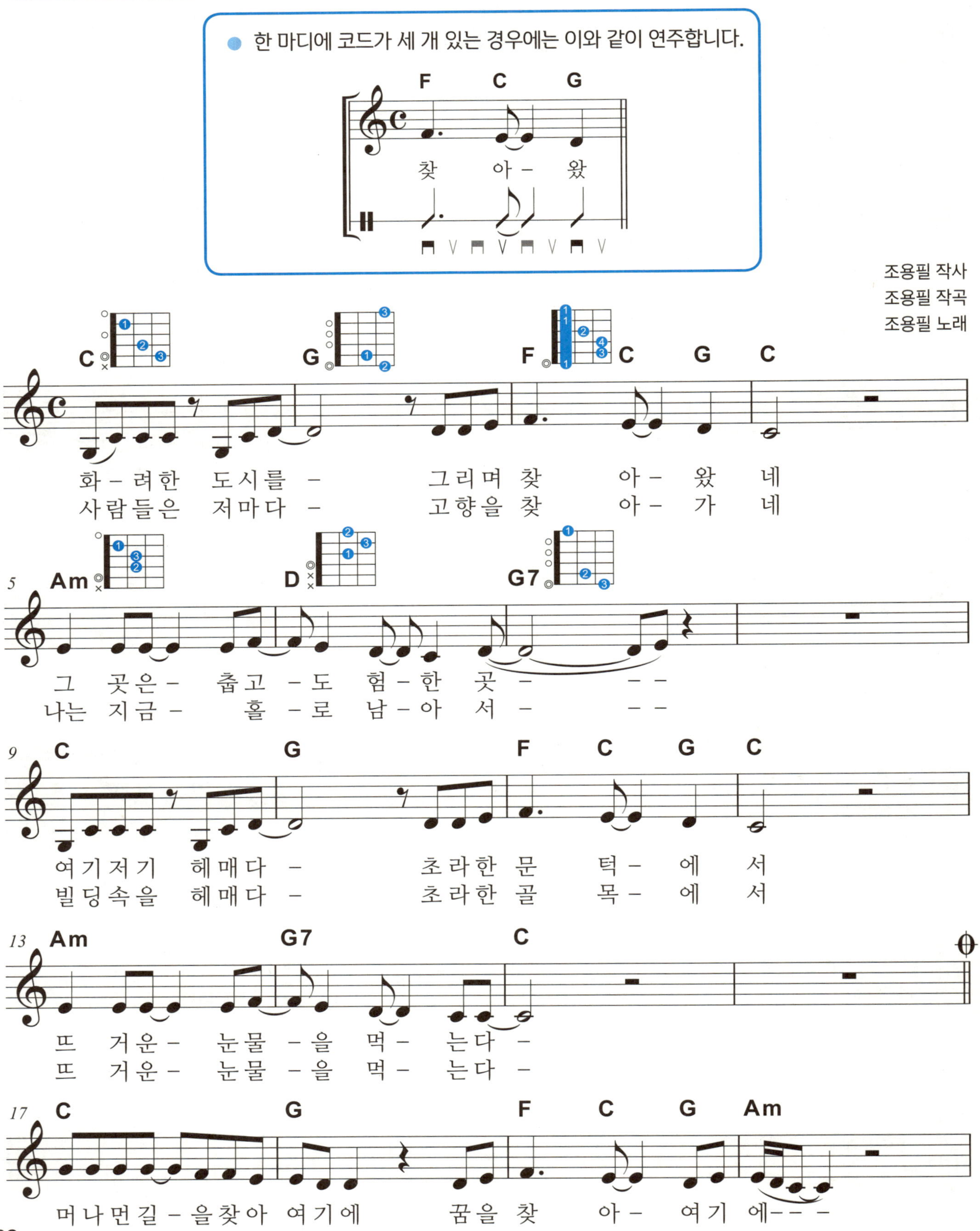

한 마디에 코드가 세 개 있는 경우에는 이와 같이 연주합니다.
F　C　G
찾　아 － 왔
조용필 작사
조용필 작곡
조용필 노래
C　G　F　C　G　C
화 － 려한　도시를 －　　그리며 찾　아 － 왔 네
사람들은　저마다 －　　고향을 찾　아 － 가 네
Am　D　G7
그　곳은 －　춤고 － 도　험 － 한 곳 － 　 － －
나는　지금 －　홀 － 로　남 － 아 서 －　　 － －
C　G　F　C　G　C
여기저기　헤매다 －　　초라한 문　턱 － 에 서
빌딩속을　헤매다 －　　초라한 골　목 － 에 서
Am　G7　C
뜨　거운 －　눈물 － 을　먹 － 는 다 －
뜨　거운 －　눈물 － 을　먹 － 는 다 －
C　G　F　C　G　Am
머나먼길 － 을찾아 여기에　　꿈을 찾　아 － 여기 에 － － －

F G C G7
괴롭고도 - 험한 - 이길을 - 왔 는데 -
C G F C G C
이세상어 - 디 가 숲인지 어디 가 늪 - 인 - 지---
C G7 C
그누구도 - 말을 - 않네 -
D.C. al Coda
C G F C G Am
저기저별 - 은나의 마음알까 나의 꿈 을 - 알 - 까---
F G C G7
괴로울땐 - 슬픈 - 노래를 - 부른다 -
C G F C G C
슬퍼질땐 - 차라리 나홀로 눈을 감 고 - 싶 - 어---
C G7 C
고향의향 - 기 들 으 면서 -

⑤ 파워코드와 팜 뮤트

● 파워코드

파워코드는 코드 구성음 중 1음과 5음만 누르며, C 파워코드는 5번 줄 3프렛(도)과 4번 줄 5 프렛(솔)을 누르게 됩니다. 파워코드는 보통 1, 4번 손가락으로 잡으며, 간혹 1, 3번 손가락으로 잡기도 합니다. 엄지손가락은 1번 손가락 뒤쪽에 위치해야 손에 힘을 많이 사용하지 않고, 소리를 잘 낼 수 있습니다.

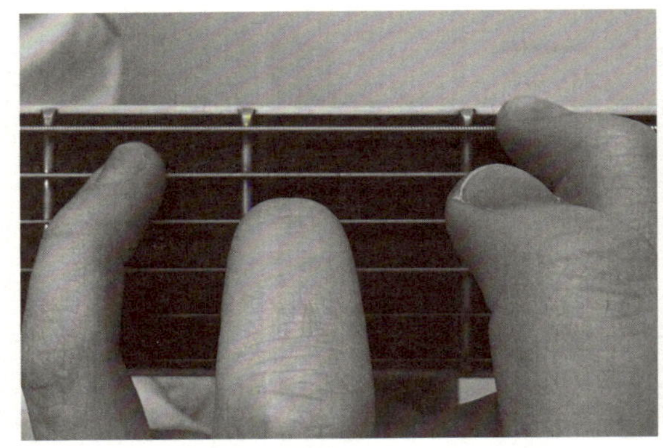
파워코드손 모양 정면

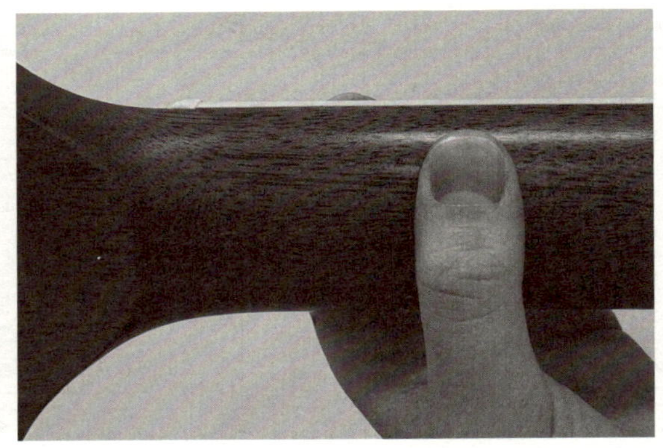
파워코드 손 모양 넥 뒤

파워코드는 6번 줄을 근음(root)으로 잡는 모양과 5번 줄을 근음(root)으로 잡는 모양이 있습니다. 따라서 하이(바레) 코드처럼 6번 줄과 5번 줄의 음계를 알고 있으면, 빠르게 코드를 잡을 수 있습니다.

파워코드는 잡은 두 줄만 치기 때문에 5번 줄 근음 파워코드를 잡을 때 1번 손가락 끝을 6번 줄에 살짝 닿게 잡아서 6번 줄을 뮤트(mute)시켜 주면, 좀 더 편하게 연주할 수 있습니다.

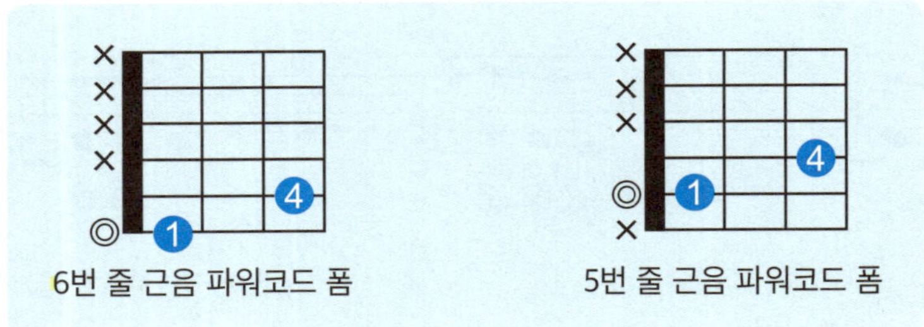
6번 줄 근음 파워코드 폼   5번 줄 근음 파워코드 폼

추가로, 개방현을 사용한 파워코드는 **E**, **A**코드가 있습니다.

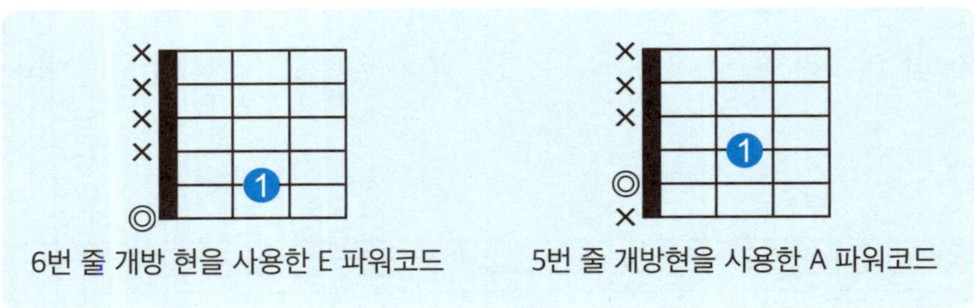
6번 줄 개방 현을 사용한 E 파워코드   5번 줄 개방현을 사용한 A 파워코드

팜 뮤트는 손바닥(palm)을 줄에 올려놓은 채로 연주하는 주법이지만, 손바닥보다는 손날 부분이라고 하는 것이 더 이해하기 쉬울 것 같습니다. 손날 부분을 올리는 위치는 브릿지에서 줄이 시작되는 부분에 올려놓고 치면 되는데 이때, 소리가 '툭!'하는 둔탁한 소리가 난다면, 손을 브릿지 방향으로 아주 조금씩 이동하며 '퉁~'으로 음의 잔향이 있는 위치를 찾아야 합니다. 오른손의 자세는 손목이 너무 꺾이지 않은 자세로 준비가 되어야 손날 부분을 줄 위에 고정한 채로 손목을 사용해 줄을 칠 수 있습니다.

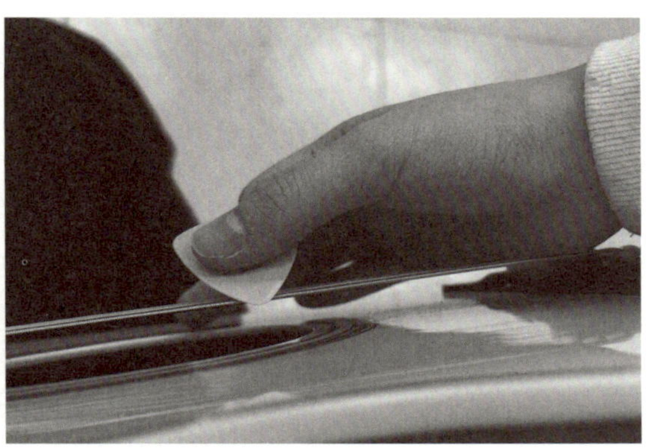

악보에는 P.M-ㄱ으로 구간을 표기하거나 '컷팅 주법'처럼 음표의 머리를 X로 표기하기도 합니다.

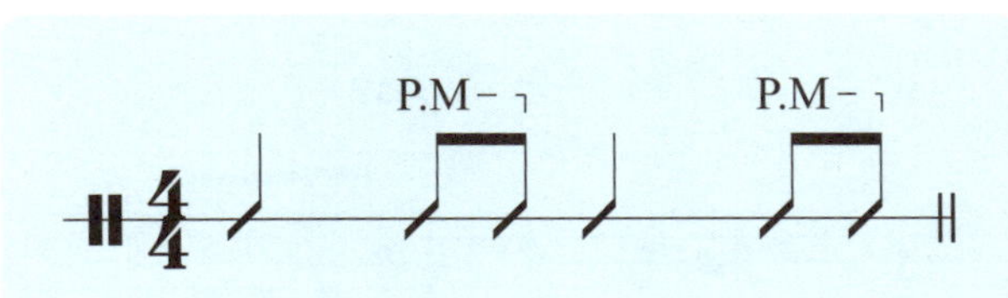
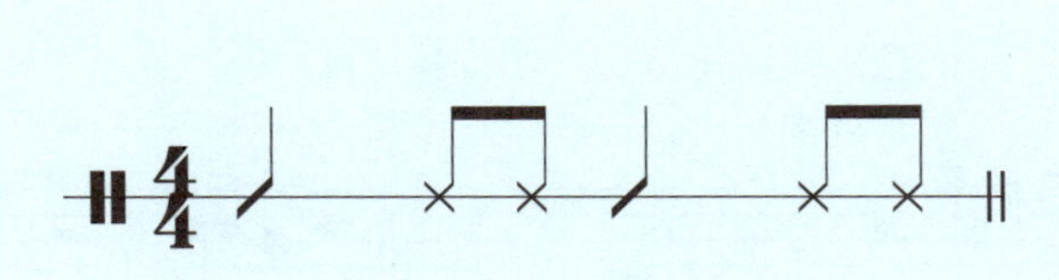

연습을 통해 팜 뮤트를 익혀보세요.

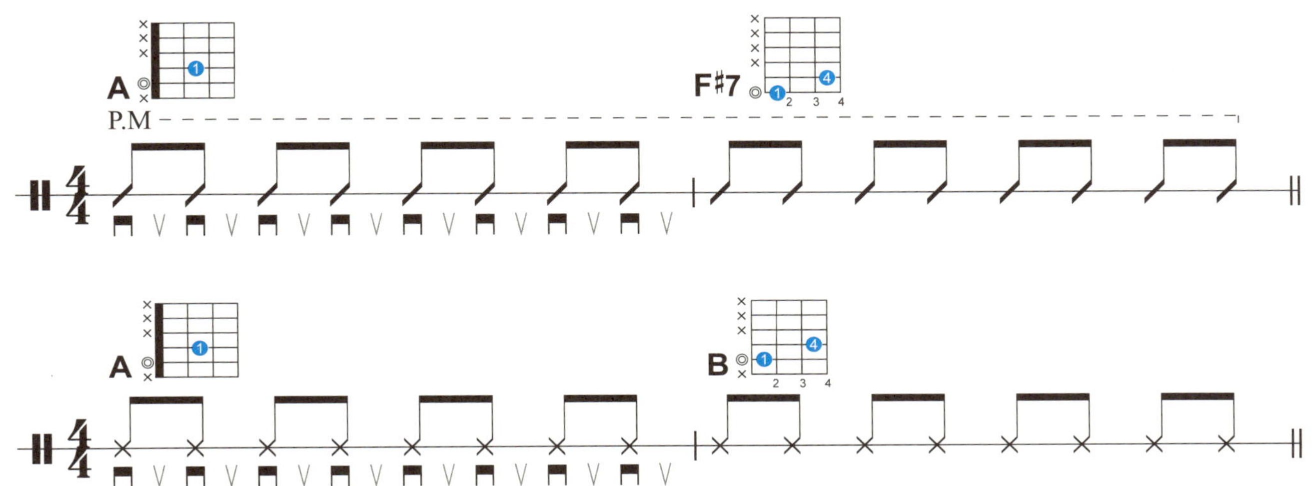

밤이 깊었네

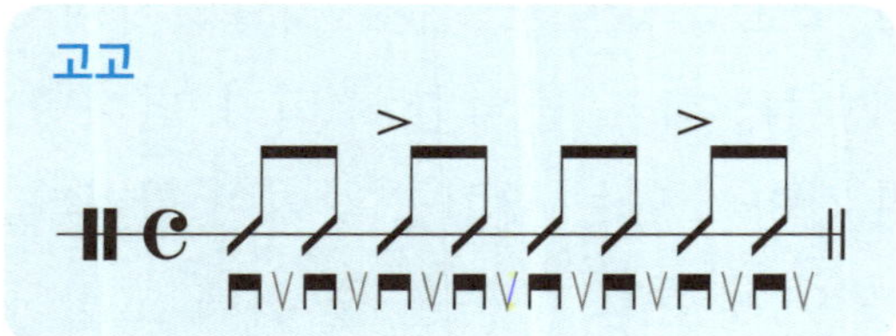

● 팜 뮤트 구간만 파워코드로 연주합니다.

한경록 작사
한경록 작곡
미도와 파라솔 노래

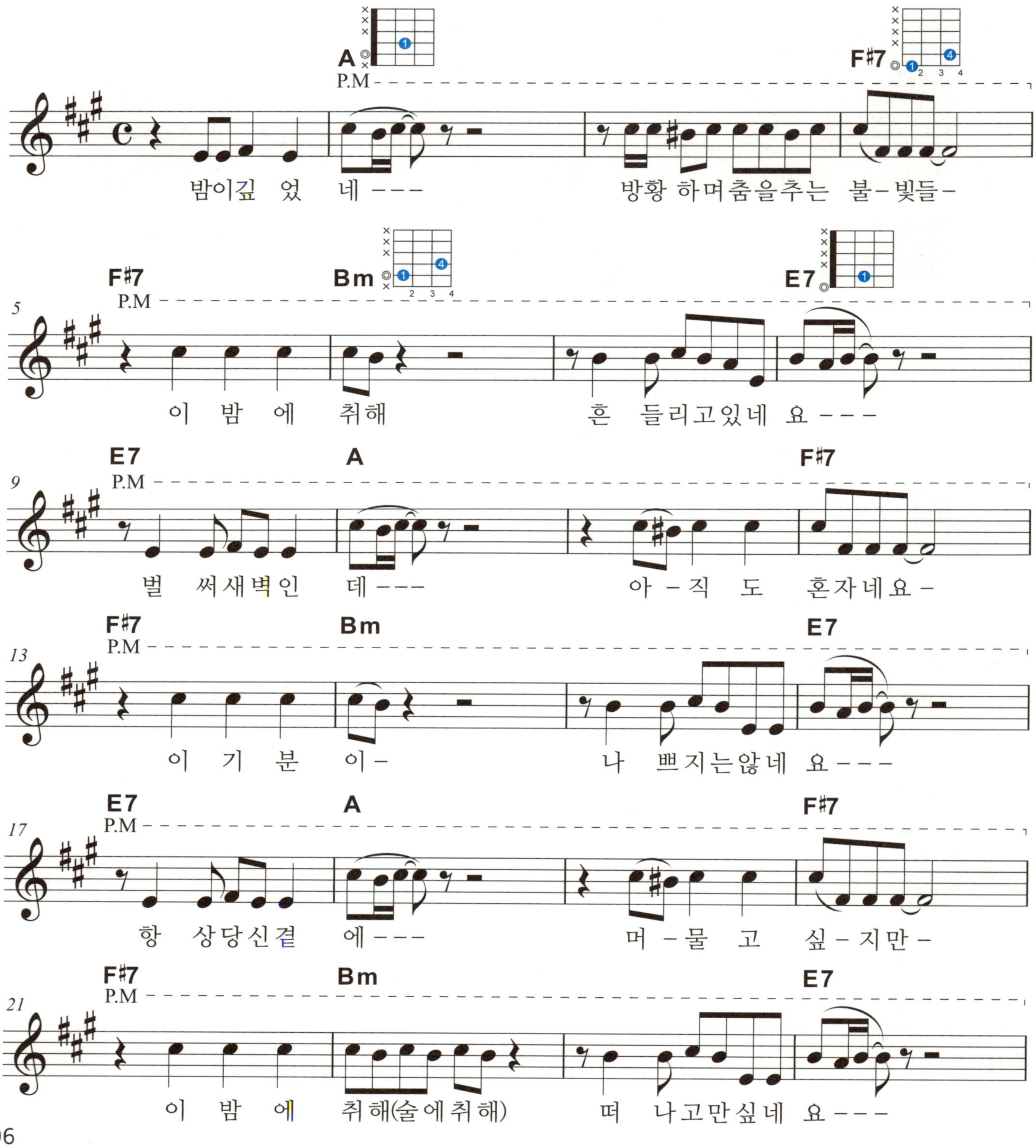

A
P.M

밤이깊 었 네 ---　　방황 하며춤을추는 불 - 빛들-

F#7　P.M　　　Bm　　　　　E7

이 밤 에 취해　　흔 들리고있네 요 - - -

E7　P.M　　　A　　　　　F#7

벌 써새벽인 데 - - -　　아 - 직 도 혼자네요 -

F#7　P.M　　　Bm　　　　　E7

이 기 분 이 -　　나 쁘지는않네 요 - - -

E7　P.M　　　A　　　　　F#7

항 상당신곁 에 - - -　　머 - 물 고 싶 - 지만 -

F#7　P.M　　　Bm　　　　　E7

이 밤 에 취 해(술 에 취 해)　　떠 나고만싶네 요 - - -

25
E7
A
F#7
P.M
이 슬 픔 을
알 랑 가 모 르 겠 어 요 -

29
F#7
Bm
A
P.M
나 의 구 두 여 -
너 만 은 떠 나 지 마 오 워 워 워 -

33
A7
D
A
워
하 나 둘 피 어 오 는 어 린 시 절 동 화 같 은 별 을 보 면 서 - - -

37
A7
D
A
오 늘 밤 술 에 취 한 마 차 타 고 지 친 달 을 따 러 가 야 지 - - -

41
E7
A
-
밤 이 깊 었 네 - - -
방 황 하 며 노 래 하 는

리듬 악보에서 온음표는 이렇게 표기합니다.

45
F#7
Bm
불 - 빛 들 -
이 밤 에 취 해 (술 에 취 해)

48
Bm
A
흔 들 리 고 있 네 요
-

잊을게

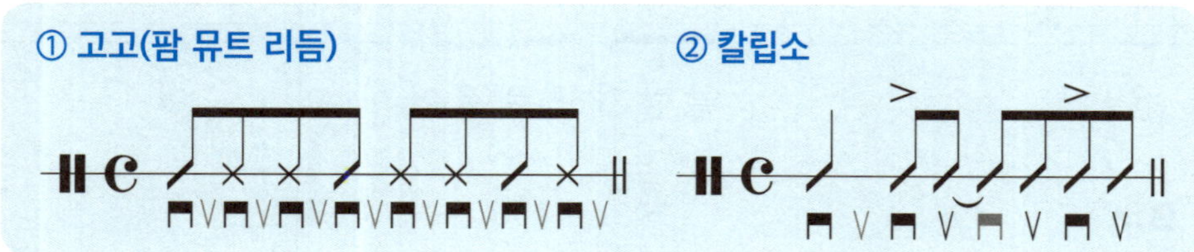

● ① 구간만 파워코드로 연주합니다.

윤도현 작사
윤일상 작곡
윤도현밴드 노래

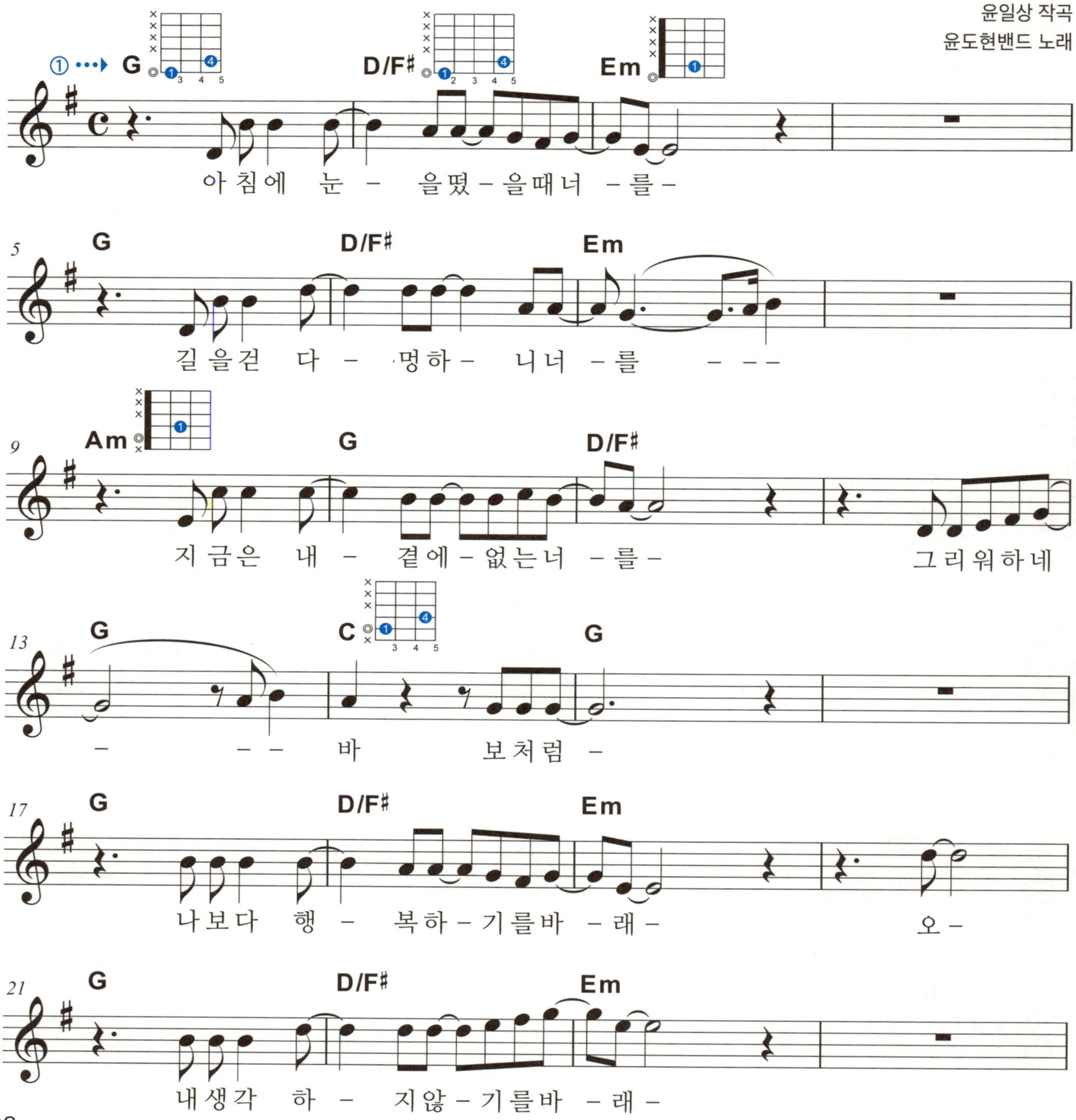

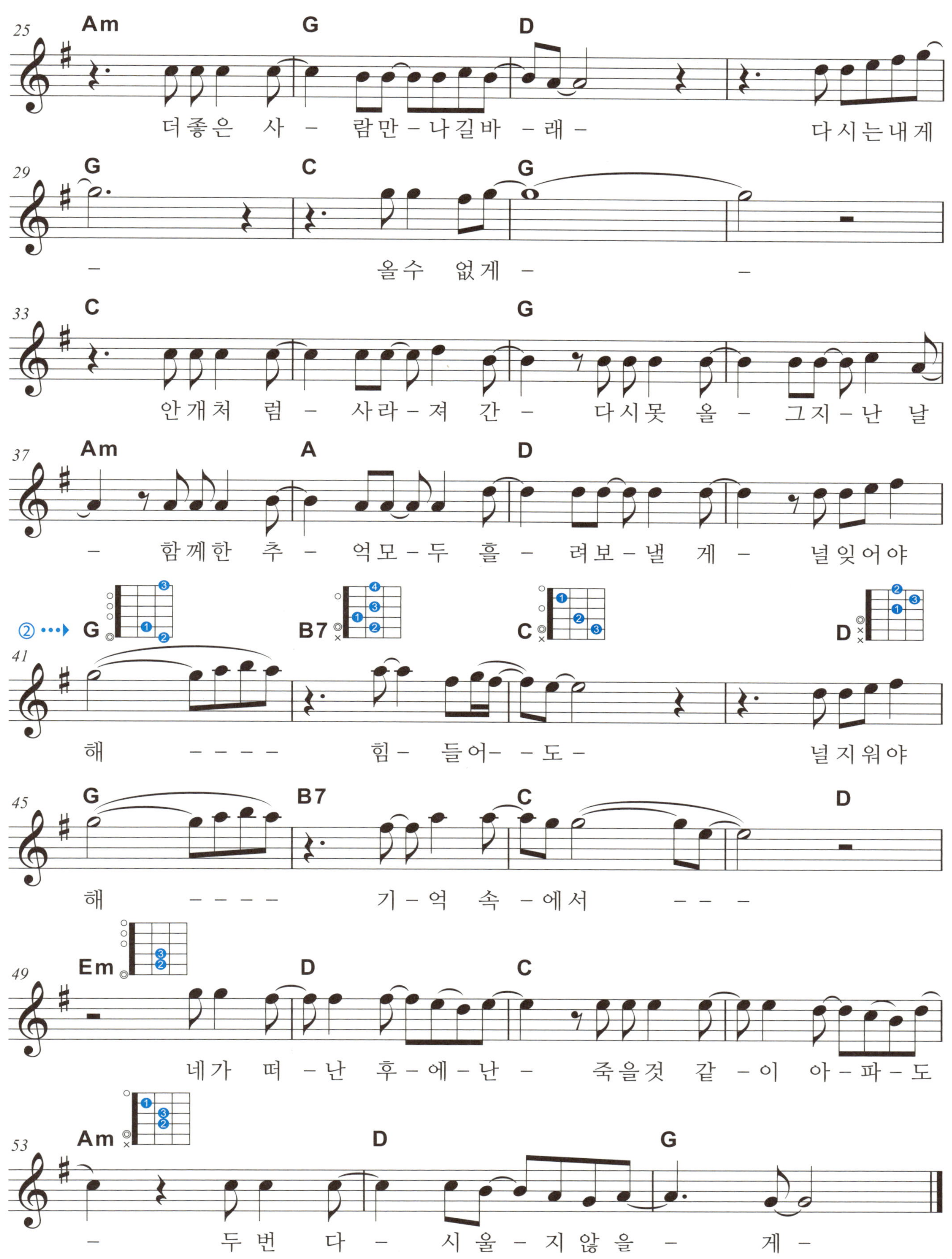

Am G D
더좋은 사 - 람만 - 나길바 - 래 - 다시는내게
G C G
- 올수 없게 - -
C G
안개처 럼 - 사라 - 져 간 - 다시못 올 - 그지 - 난 날
Am A D
- 함께한 추 - 억모 - 두 흘 - 려보 - 낼 게 - 널잊어야
② ··· G B7 C D
해 - - - - 힘 들어 - - 도 - 널지워야
G B7 C D
해 - - - - 기 - 억 속 - 에서 - - - -
Em D C
네가 떠 - 난 후 - 에 - 난 - 죽을것 같 - 이 아 - 파 - 도
Am D G
- 두번 다 - 시울 - 지않을 - 게 -

제4장

멜로디 & 손으로 연주하기

① 타브 악보 보는 법

타브 악보는 줄 위에 숫자를 적은 악보를 말합니다. 통기타의 타브 악보는 총 6줄이며 줄 위에 적힌 숫자는 해당 줄의 프렛 번호를 말합니다. 음표의 길이는 오선 악보와 동일하게 기둥과 날개를 그려 나타냅니다.

악보에서 가장 아래에 있는 줄이 기타에서 가장 두꺼운 줄(6번 줄)이며 왼손 손가락 번호는 코드 운지와 동일하게 엄지를 제외하고 검지부터 1, 2, 3, 4번입니다.

● 여러 줄을 동시에 연주할 때의 악보

여러 줄을 동시에 연주하는 경우에도 악보 보는 법은 같습니다.

타브 악보에서의 숫자 '0'은 개방현(프렛을 누르지 않고 줄을 치는 것)입니다.

● 피킹 연습 (얼터네이트 피킹)

다운 & 업 피킹이 반복되는 것을 얼터네이트 피킹이라고 합니다. 피킹 연습은 음과 음 사이가 부드럽게 연결 되도록 연주하기 위해 꼭 필요한 연습으로 꾸준히 연습해야 좋은 결과가 나타납니다.

아래 연습을 통해 얼터네이트 피킹을 익혀보세요.

연습 1

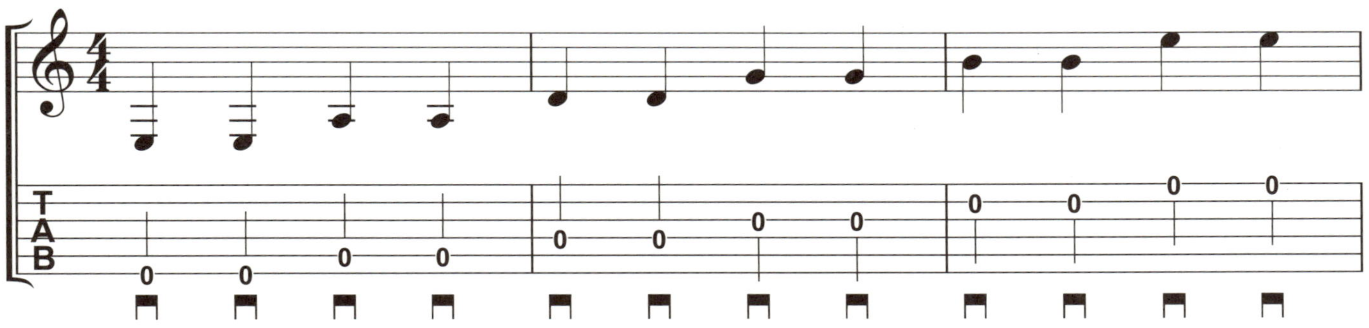

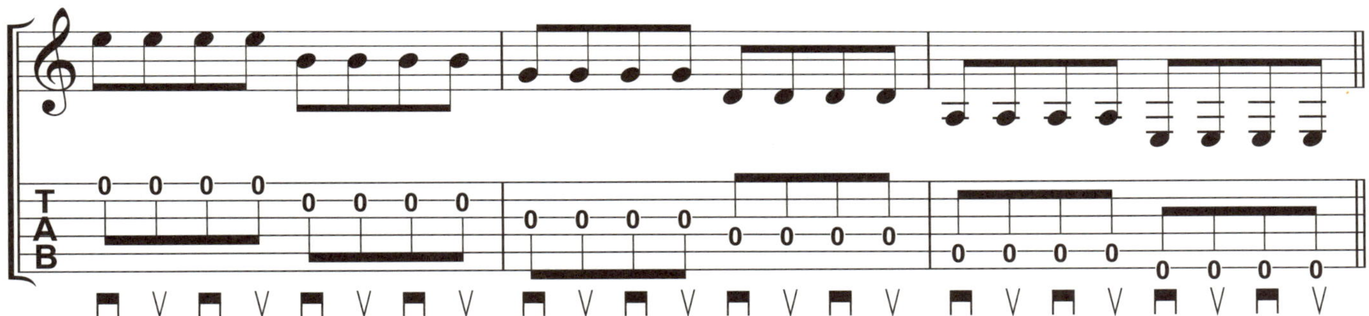

연습 2

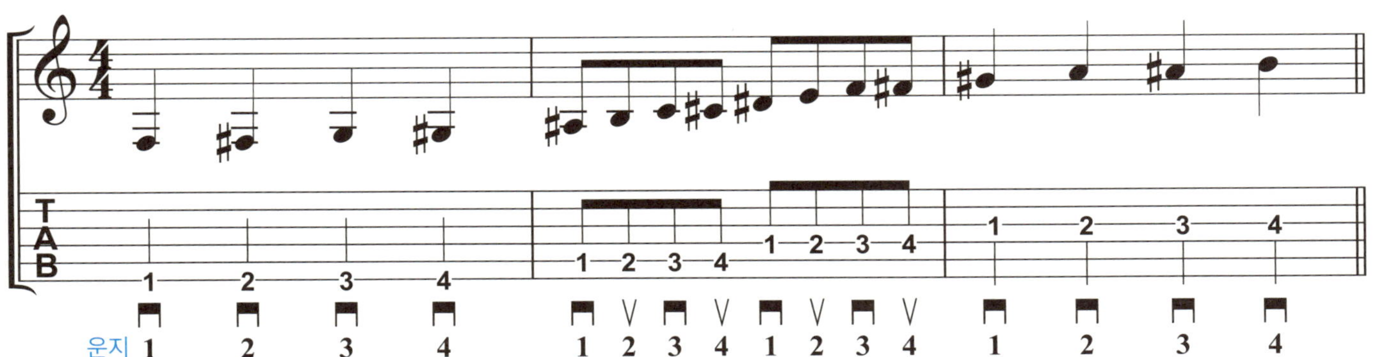

Drowning

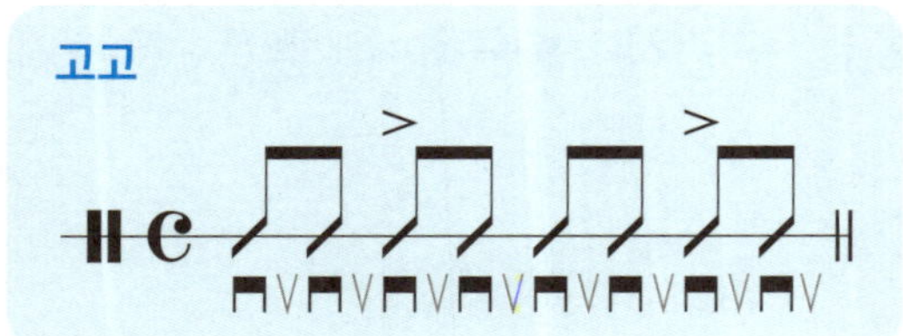

● 팜 뮤트 구간만 파워코드로 연주합니다.

WOODZ 작사
WOODZ, 네이슨(NATHAN), HOHO 작곡
WOODZ 노래

Capo : 1fr

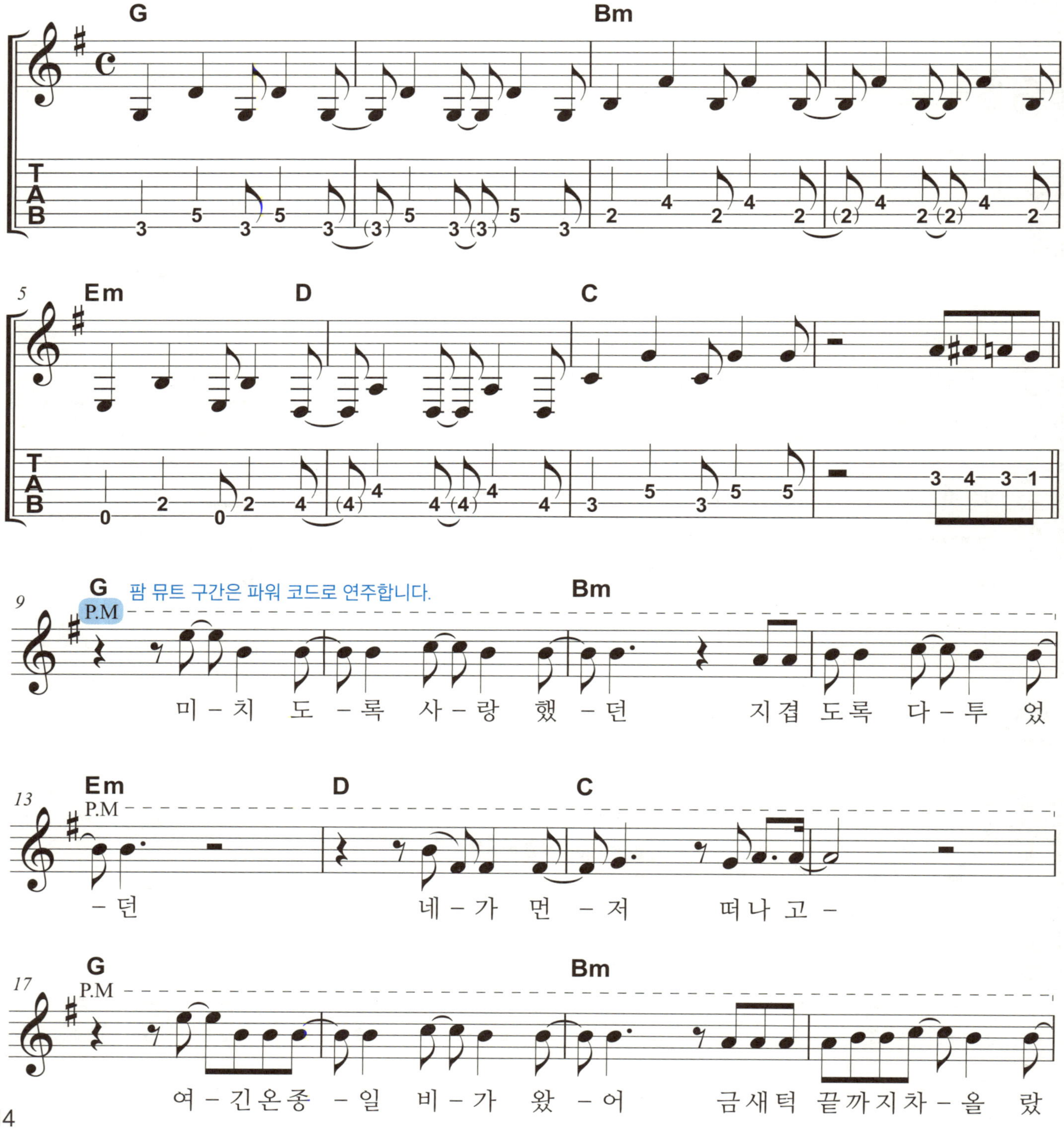

Em   D   C
P.M
-고   숨-이 막-혀   와 -   Oh - - -
Am   D
P.M
내-맘-이란추는 나를더깊-게더깊-게   붙잡-아   Oh-I'm
G   Bm
drown - ing -   it's rain-ing - all - day - - - - - - - -
Em   D   C   Cm
- -   I can't - -   breathe- - - - - - yeah
G   Bm
Oh oh I'm drown-ing Oh-I'm-drown-ing   Oh I'm-drown-ing Oh-I'm-drown
Em   D   C   Cm
-ing   You're tak-ing my-life-from - - - -   me -

너를 보내고

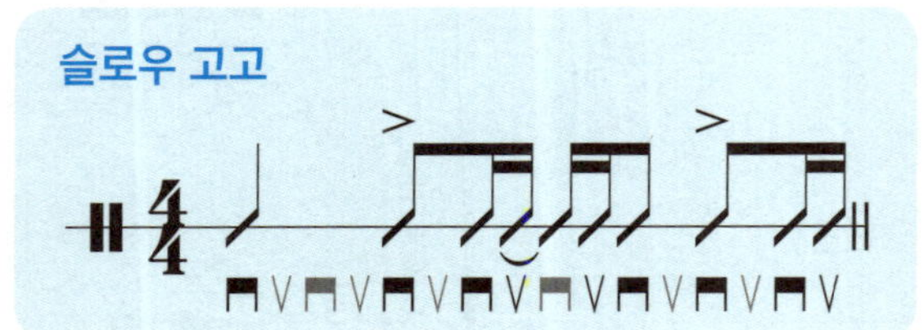

Capo : 3fr

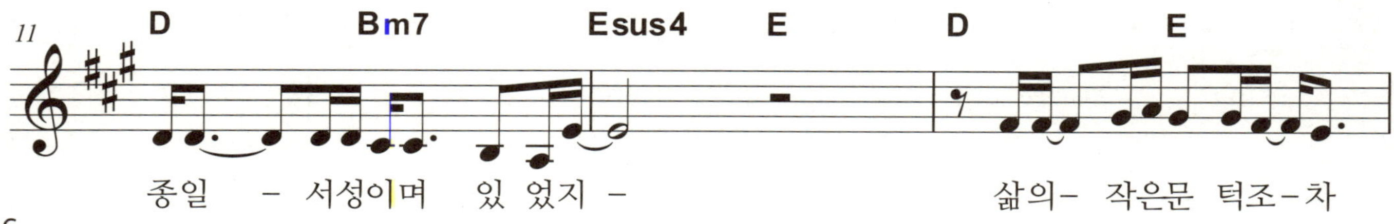

F#m   E   Bm7   A   G   Bm7
쉽 사리 넘지못 했던- 너 에게- 나는 - 무슨 말이 - 하고파서 였을

Esus4   E   A   C#7   F#m   E
까 먼 산 언저리 마다- 너를 남 기고- 돌아서는 - 내게

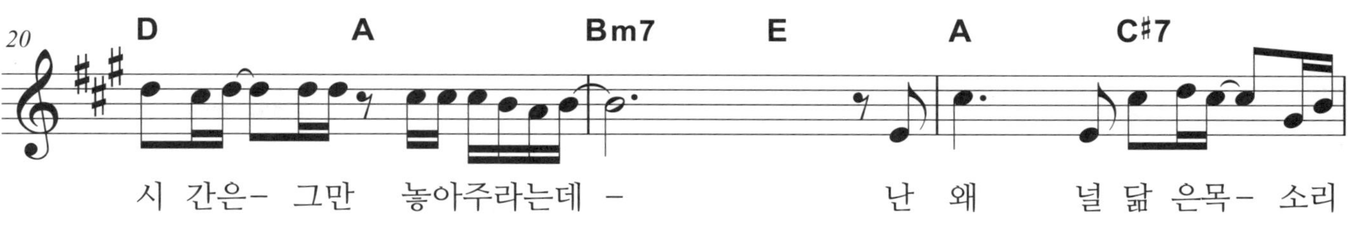

D   A   Bm7   E   A   C#7
시 간은- 그만 놓아주라는데 - 난 왜 널 닮 은목- 소리

F#m   E   D   E   A
마저 가 슴에- 품 고도 같이가자 하 지 못- 했 - 나 -

나는 나비

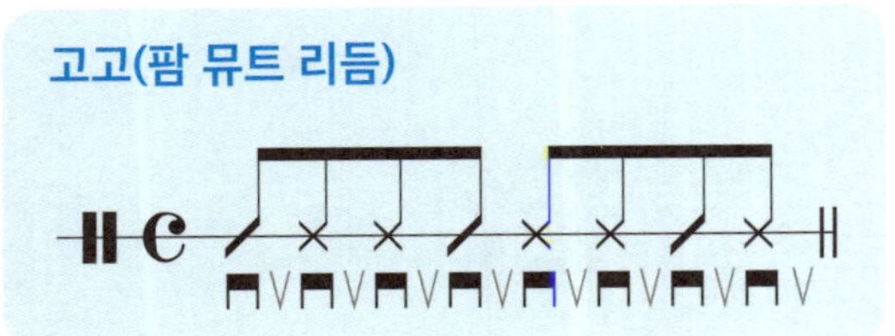

박태희 작사
박태희 작곡
윤도현밴드 노래

● 타브 악보가 없는 구간은 고고 리듬으로 연주합니다.

나 는 상처많은 번데기 - 추운
겨울 이 - 다가와 - 힘 겨울지도- 몰라 - 봄바
람이 불-어오면 - 이제 나의꿈을- 찾아 - 날아 날개
를 활짝펴고 - 세상 을 자-유롭-게 날거야 노래
하 며춤추는 - 나는아 름 다 운 나 비-

② 멜로디 연주(음계 익히기)

● C Major Scale(장음계)

C Major Scale은 흔히 알고 있는 '도, 레, 미, 파, 솔, 라, 시, 도'입니다.
기타 지판 위의 C Major Scale에 대해 알아보겠습니다.

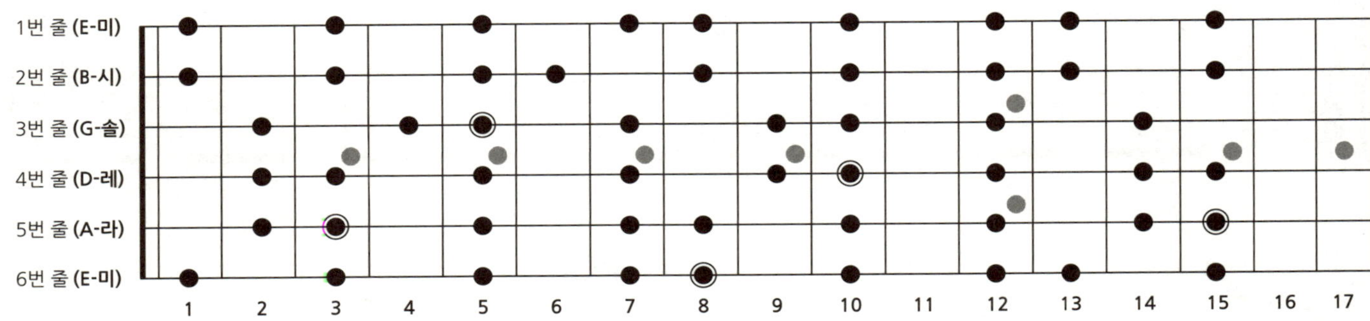

진한 동그라미 부분이 C Major Scale에 해당하는 위치이며, ◉ 이 위치를 기준으로 총 5개
포지션으로 나누어 연주할 수 있습니다. 1~5프렛을 사용하는 포지션으로 음계를 익혀보겠습니다.

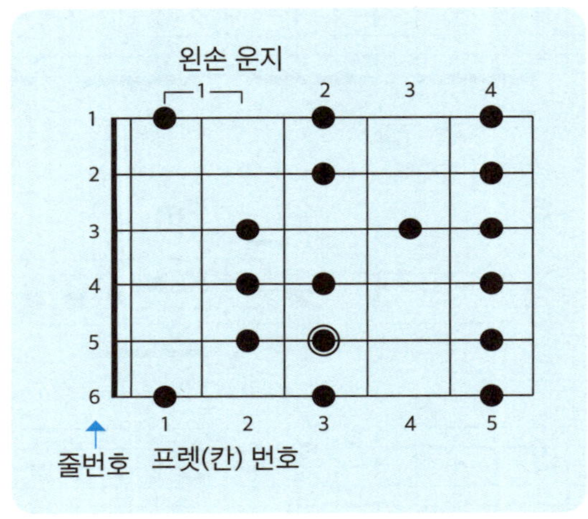

가장 낮은 음부터 연주하며, 아래 타브 악보를 보고 연습해 보세요.

● 음계 타브 악보

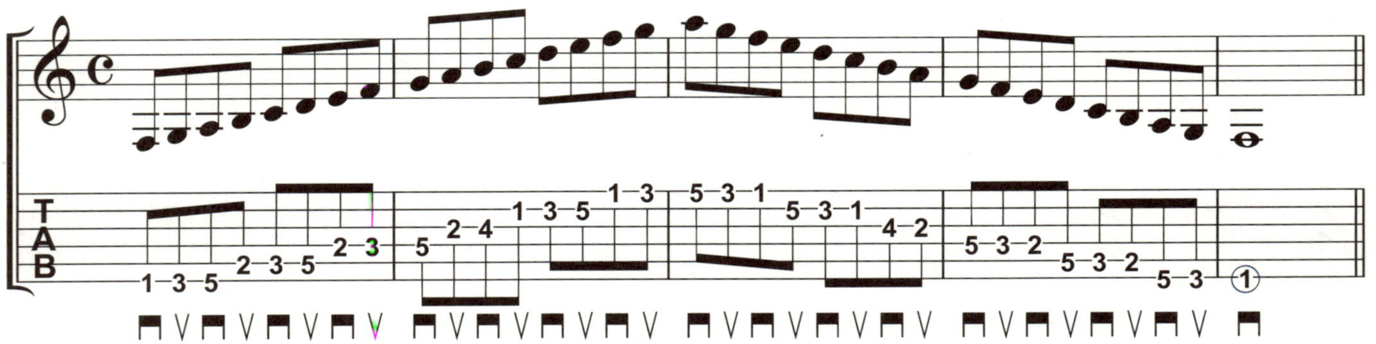

나비야

작사 미상
독일 민요

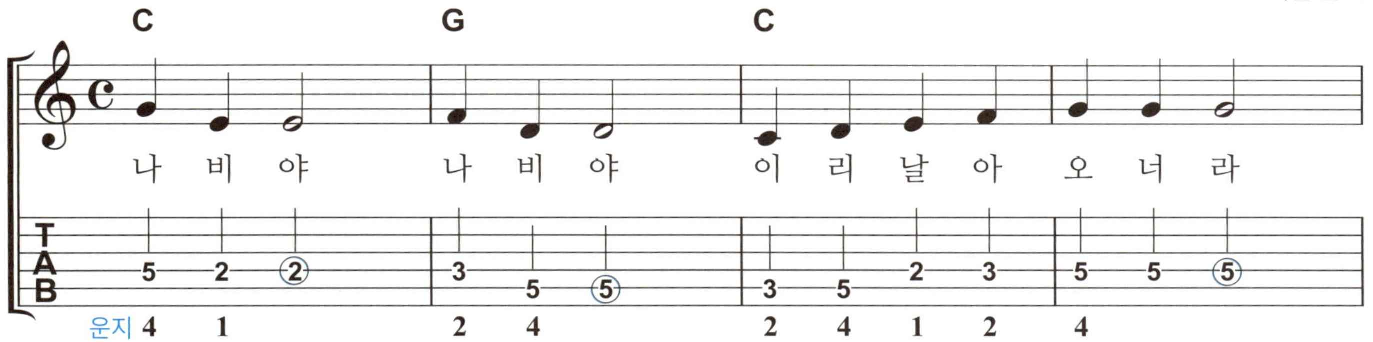

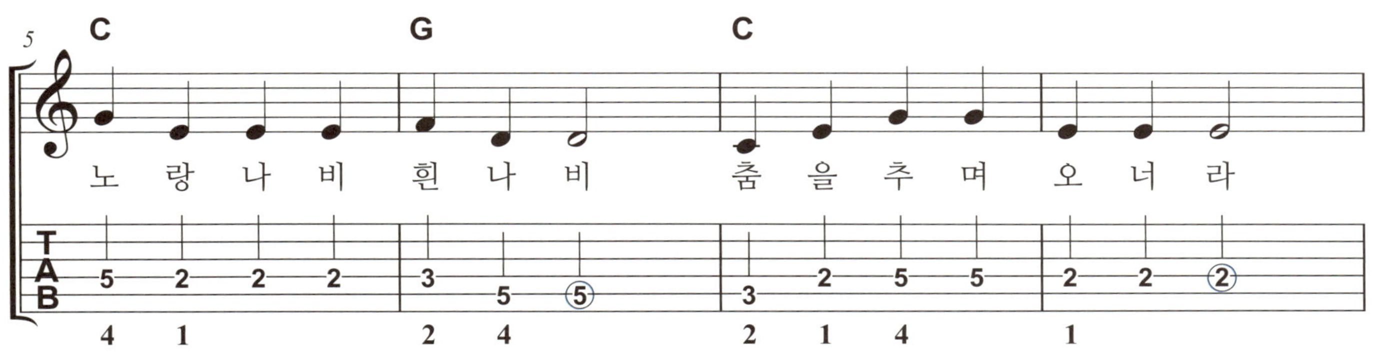

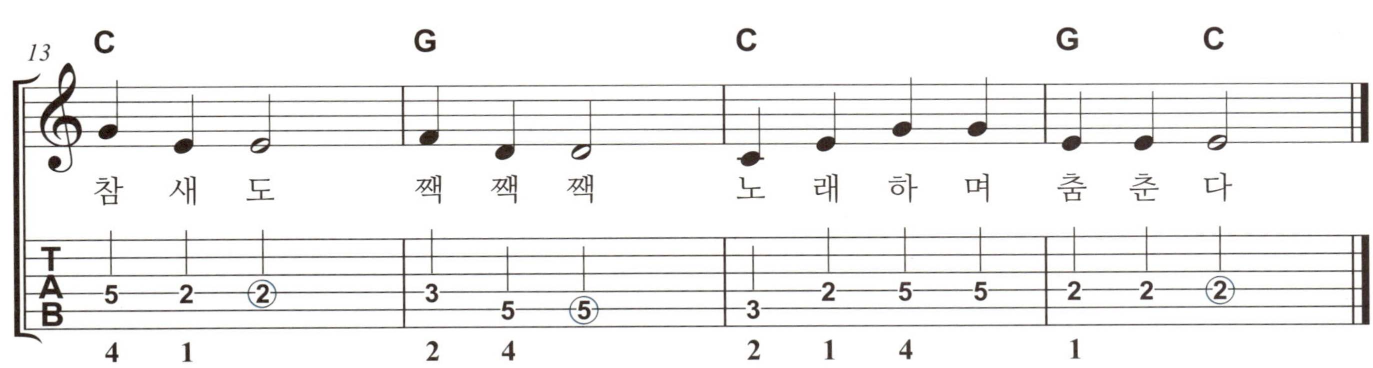

학교종

김메리 작사
김메리 작곡

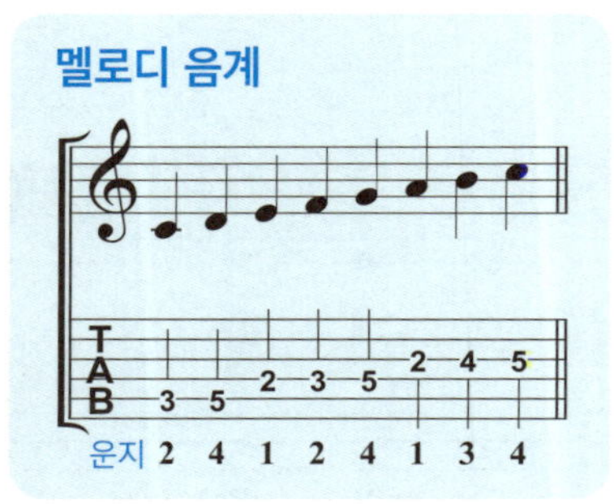

비행기

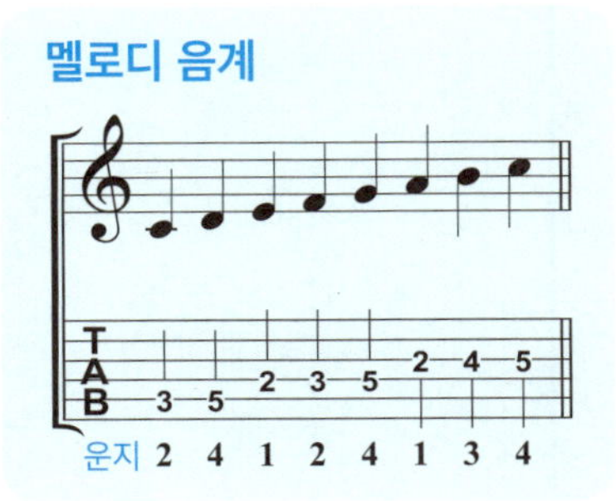

윤석중 작사
외국 곡

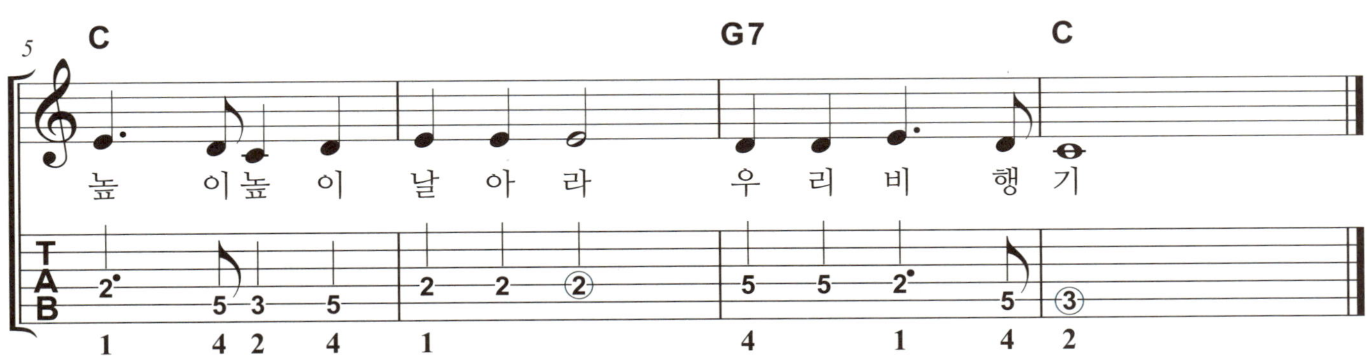

❸ 아르페지오

아르페지오(분산화음) 주법은 코드를 스트로크 하듯 한 번에 여러 줄을 치지 않고, 한 줄씩 순차적으로 쳐서 그 소리들이 화음을 이루게 하는 주법입니다. 아르페지오 주법은 손가락으로 직접 줄을 퉁겨 연주하는 것이 일반적인 방법이며, 곡의 느낌에 따라 피크로 연주하기도 합니다.

연주에 사용할 오른손 손가락의 기호는 각 손가락의 영어 이름으로 만들어졌으며, 새끼손가락 (소지)을 제외하고 Thumb Finger(엄지), Index Finger(검지), Middle Finger(중지), Ring Finger(약지)를 사용합니다.

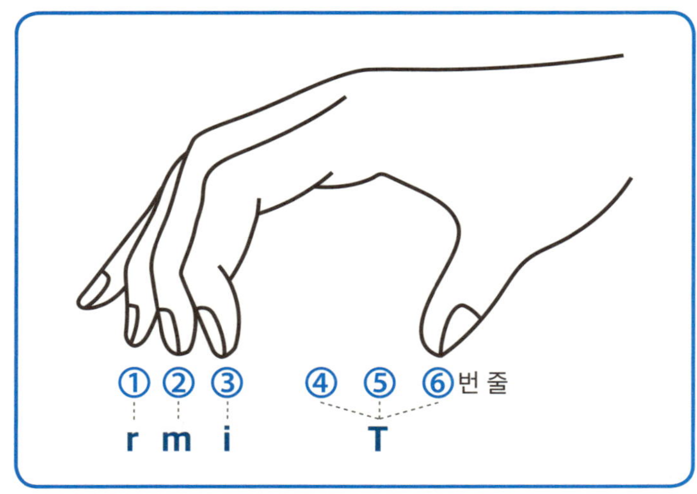

● 아르페지오를 연주하는 올바른 오른손 손 모양

손에 작은 음료수 캔을 잡고 있는 모양에서 엄지만 '따봉'하듯 들어주면 됩니다. 이때, 팔은 스트로크 할 때와 동일한 자세를 합니다.

● 아르페지오 패턴 익히기

아르페지오 연주는 피크 없이 손가락으로 줄을 퉁겨 연주하는 주법입니다. 엄지는 저음(베이스) 부분인 6, 5, 4번 줄을 담당하게 되며, 코드표에서 ×표시를 제외하고 칠 수 있는 가장 두꺼운 줄을 엄지가 치게 됩니다.

G코드는 6번 줄, **D**코드는 4번 줄, **A**코드는 5번 줄…

3/4 박자 패턴

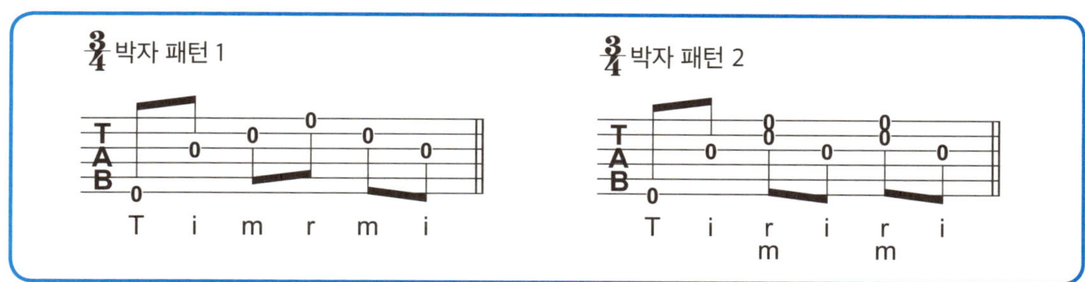

• 응용 연습

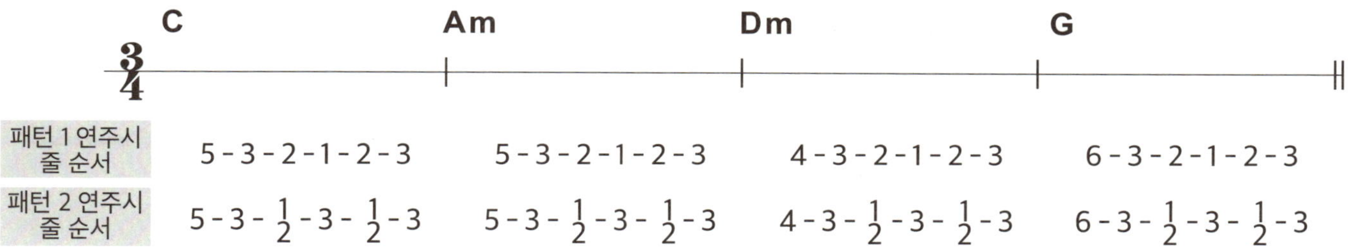

	C	Am	Dm	G
패턴 1 연주시 줄 순서	5 - 3 - 2 - 1 - 2 - 3	5 - 3 - 2 - 1 - 2 - 3	4 - 3 - 2 - 1 - 2 - 3	6 - 3 - 2 - 1 - 2 - 3
패턴 2 연주시 줄 순서	5 - 3 - $\frac{1}{2}$ - 3 - $\frac{1}{2}$ - 3	5 - 3 - $\frac{1}{2}$ - 3 - $\frac{1}{2}$ - 3	4 - 3 - $\frac{1}{2}$ - 3 - $\frac{1}{2}$ - 3	6 - 3 - $\frac{1}{2}$ - 3 - $\frac{1}{2}$ - 3

4/4 박자 패턴

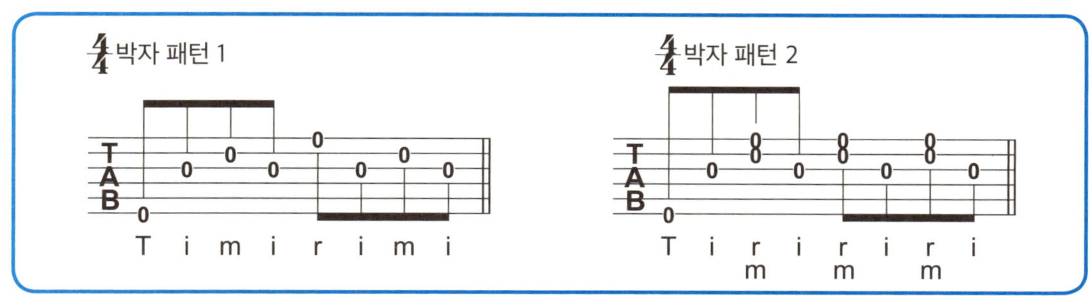

• 응용 연습

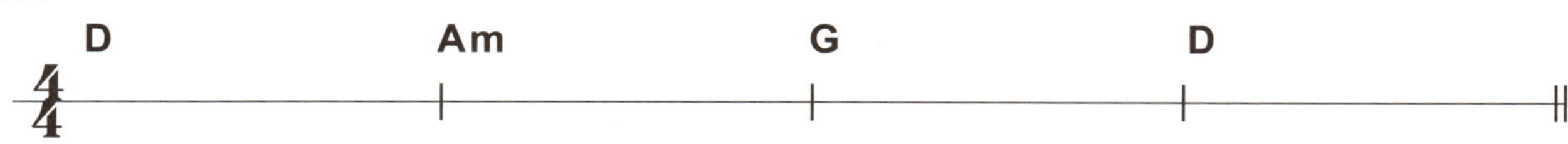

	D	Am	G	D
패턴 1 연주시 줄 순서	4 - 3 - 2 - 3 - 1 - 3 - 2 - 3	5 - 3 - 2 - 3 - 1 - 3 - 2 - 3	6 - 3 - 2 - 3 - 1 - 3 - 2 - 3	4 - 3 - 2 - 3 - 1 - 3 - 2 - 3
패턴 2 연주시 줄 순서	4 - 3 - $\frac{1}{2}$ - 3 - $\frac{1}{2}$ - 3 - $\frac{1}{2}$ - 3	5 - 3 - $\frac{1}{2}$ - 3 - $\frac{1}{2}$ - 3 - $\frac{1}{2}$ - 3	6 - 3 - $\frac{1}{2}$ - 3 - $\frac{1}{2}$ - 3 - $\frac{1}{2}$ - 3	4 - 3 - $\frac{1}{2}$ - 3 - $\frac{1}{2}$ - 3 - $\frac{1}{2}$ - 3

가을 우체국 앞에서

김현성 작사
김현성 작곡
윤도현 노래

● 충분히 연습한 후에 4/4박자 패턴 1로 연주해 보세요.

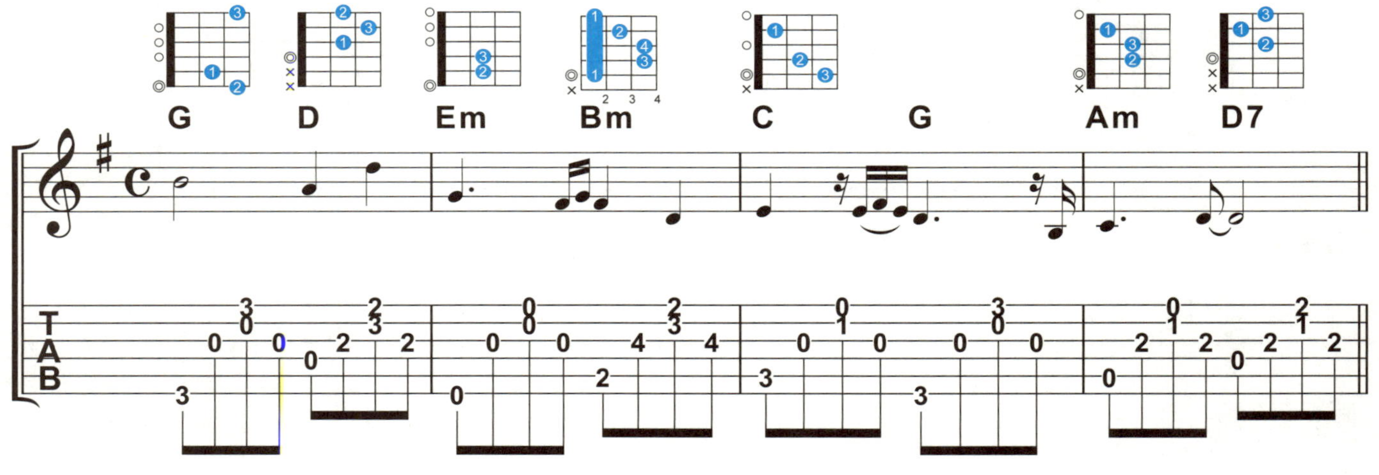

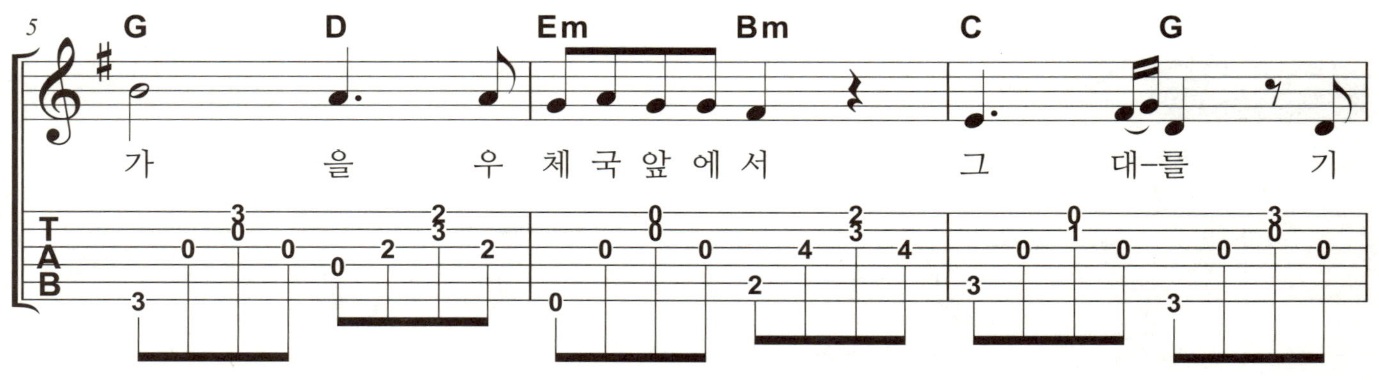

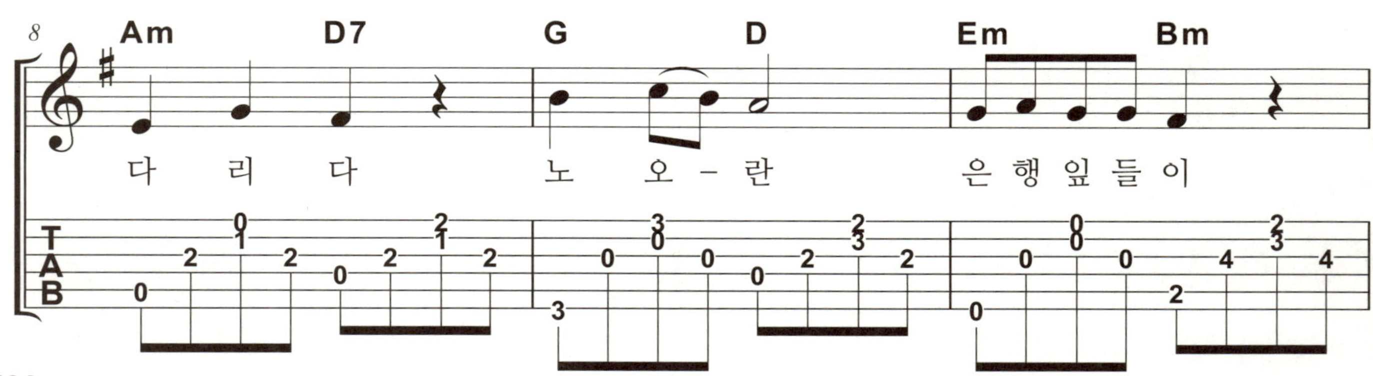

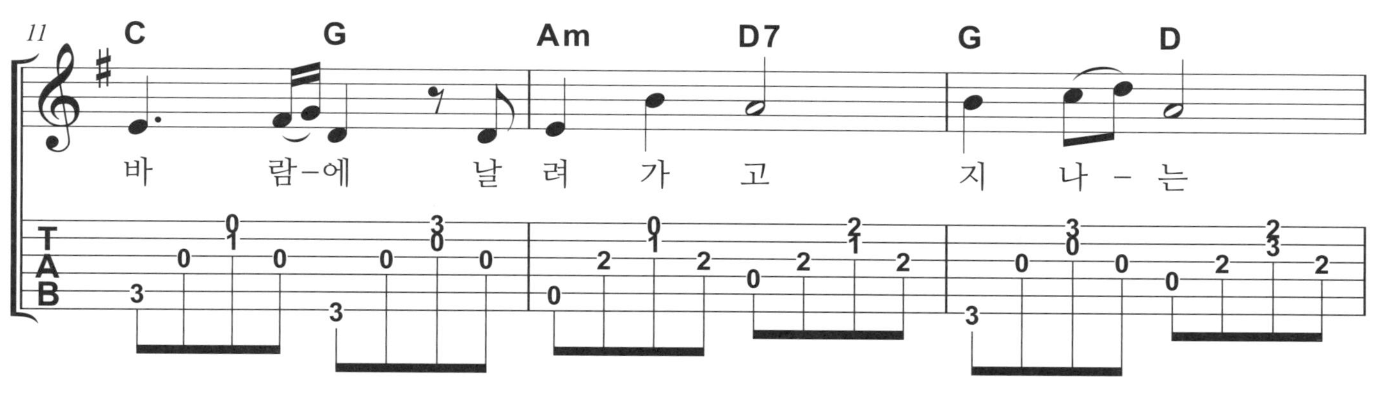

C G Am D7 G D
바 람-에 날 려 가 고 지 나 - 는

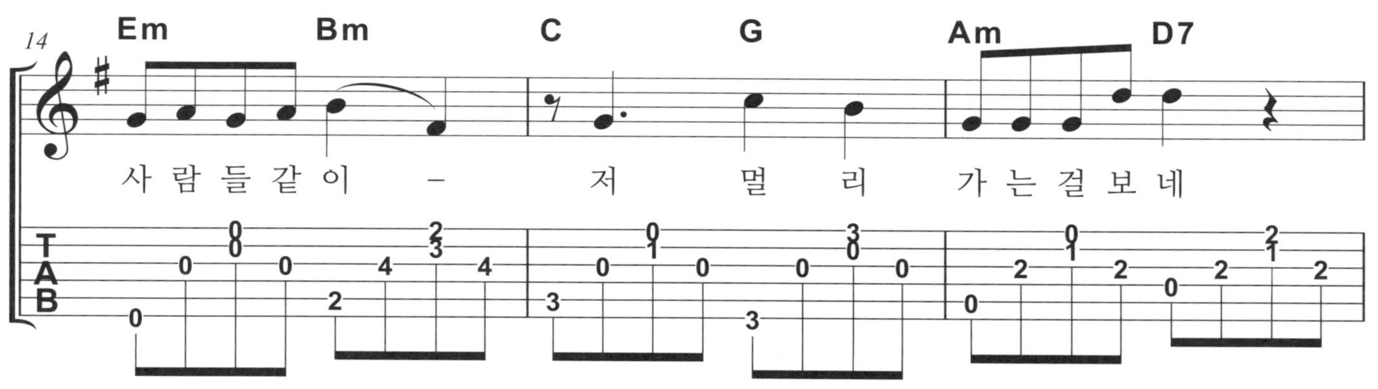

Em Bm C G Am D7
사 람 들 같 이 - 저 멀 리 가 는 걸 보 네

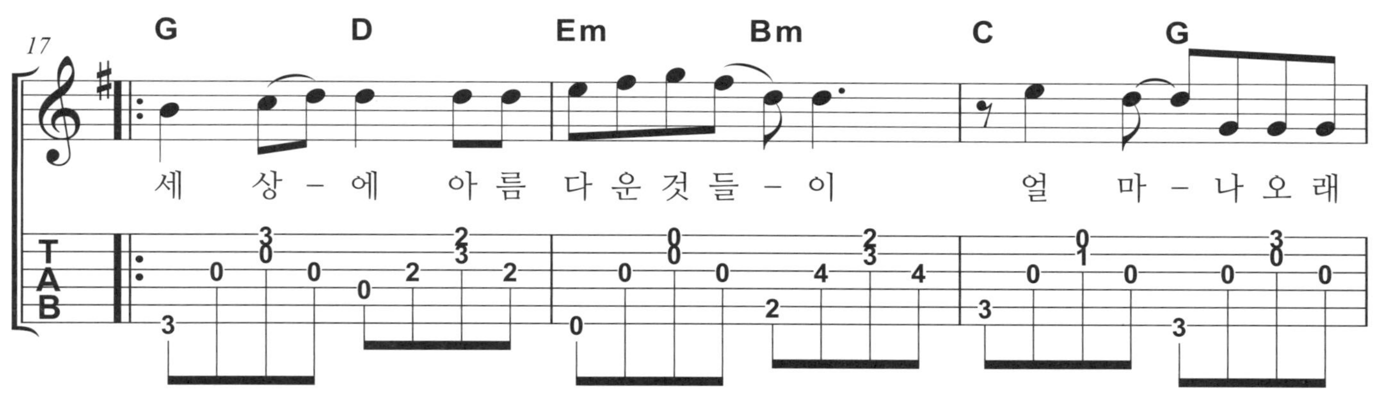

G D Em Bm C G
세 상 - 에 아 름 다 운 것 들 - 이 얼 마 - 나 오 래

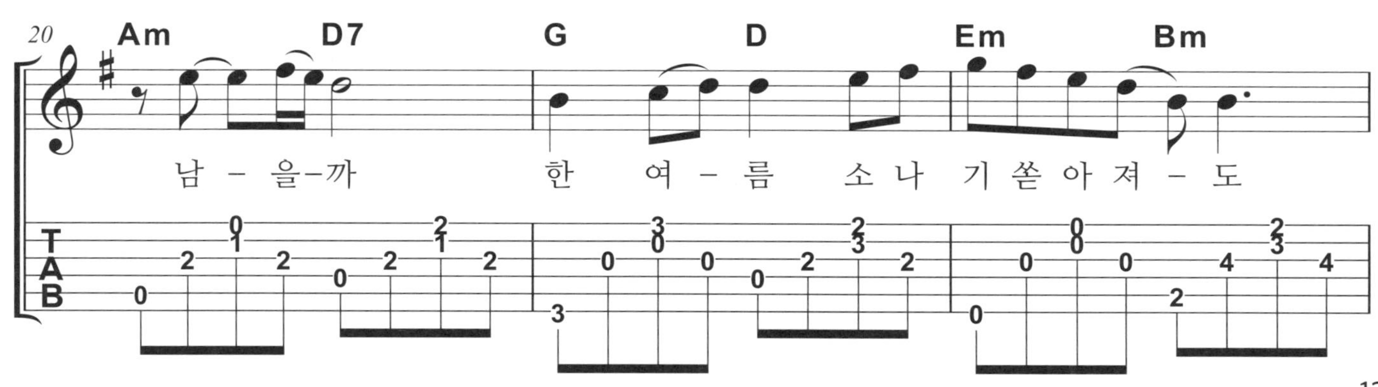

Am D7 G D Em Bm
남 - 을 - 까 한 여 - 름 소 나 기 쏟 아 져 - 도

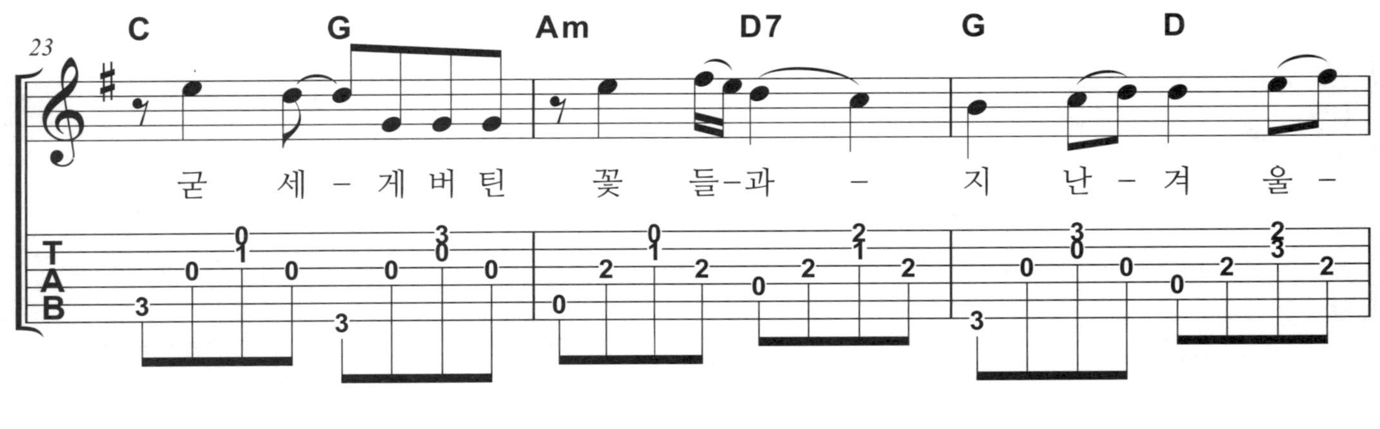

C G Am D7 G D
굳 세－게버틴 꽃 들－과 － 지 난－겨 울－

Em Bm C G Am D7 G D
눈보라에－도 우 뚝－서있는 나무들같이 하 늘－아 래－

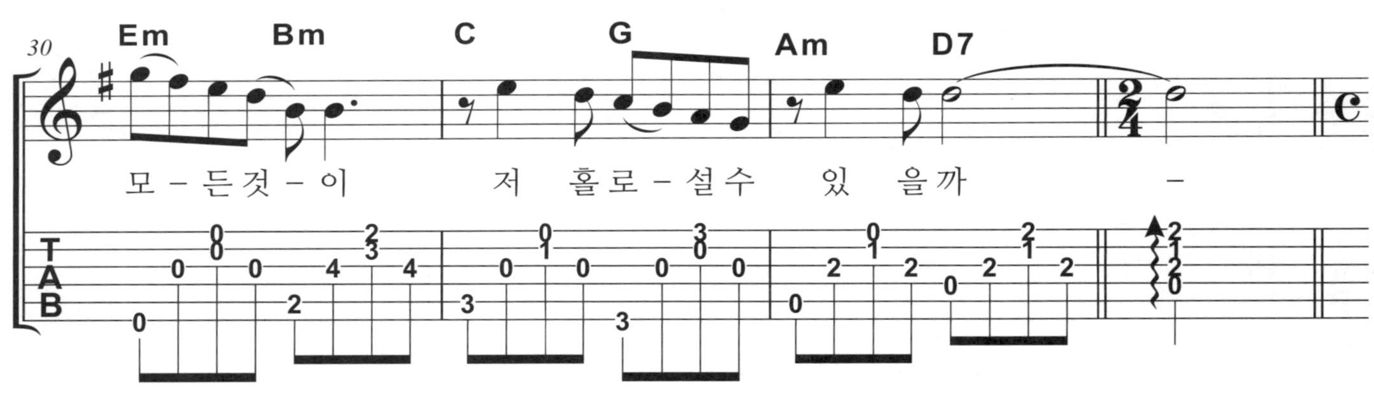

Em Bm C G Am D7
모－든것－이 저 홀로－설수 있 을까 －

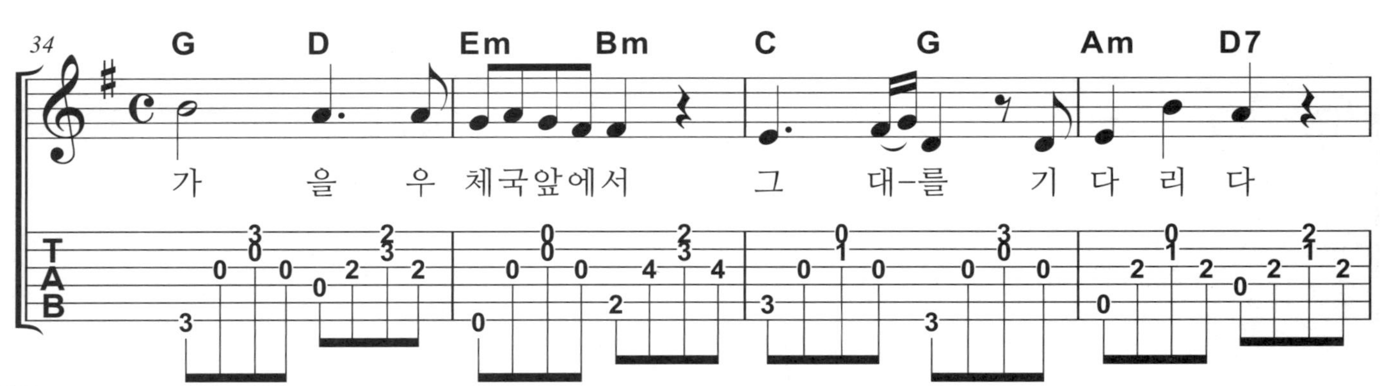

G D Em Bm C G Am D7
가 을 우 체국앞에서 그 대－를 기 다 리 다

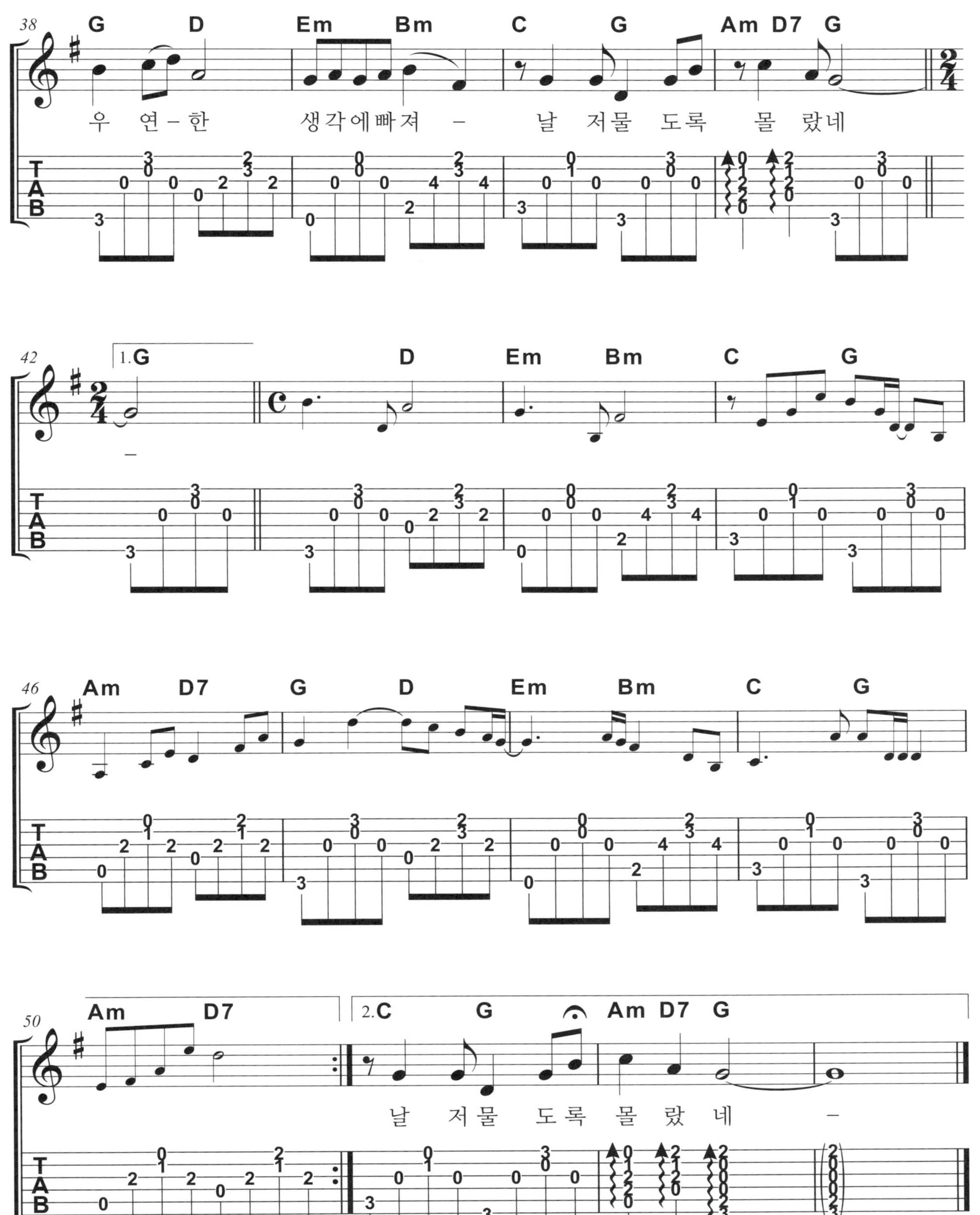

38
G D Em Bm C G Am D7 G
우 연－한 생각에빠져 － 날 저물 도록 몰 랐네
42
1.G D Em Bm C G
46
Am D7 G D Em Bm C G
50
Am D7 2.C G Am D7 G
날 저물 도록몰 랐 네 －

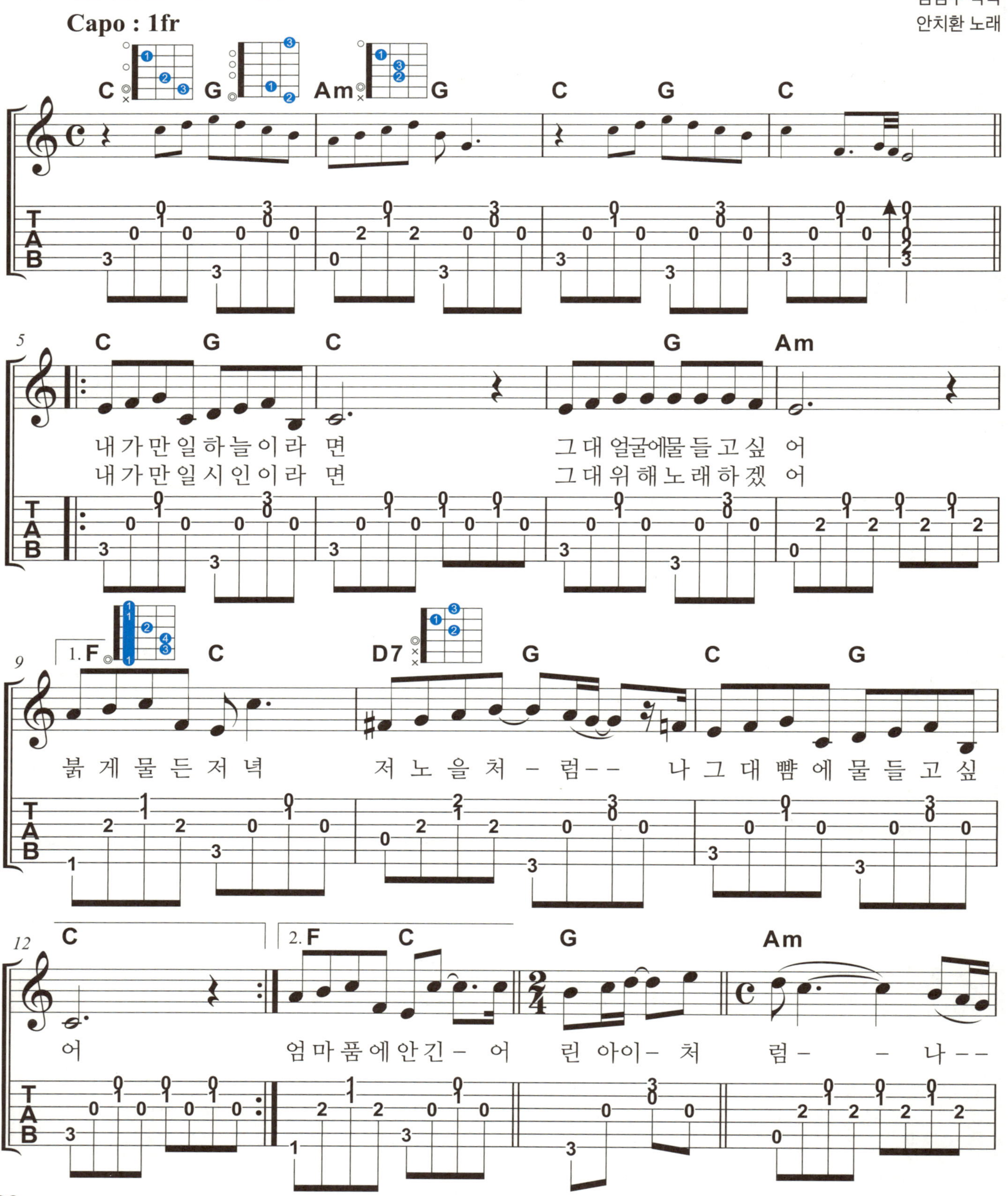

4/4박자 패턴 2
T i r i r i r i
m m m
내가 만일
충분히 연습한 후에 4/4박자 패턴 1로 연주해 보세요.
김범수 작사
김범수 작곡
안치환 노래
Capo : 1fr
C G Am G C G C
C G C G Am
내가 만일 하늘이라 면   그대 얼굴에 물들고 싶 어
내가 만일 시인이라 면   그대 위해 노래하겠 어
1. F C   D7 G C G
붉게물든 저녁   저노을처 - 럼 - - 나그대 뺨에 물들고 싶
C   2. F C G Am
어   엄마품에안긴 - 어 린아이 - 처 럼 - - 나 - -

C G C F G Am
행복하 게노래 하고싶 어 세 상에- 그 무엇이 라도-

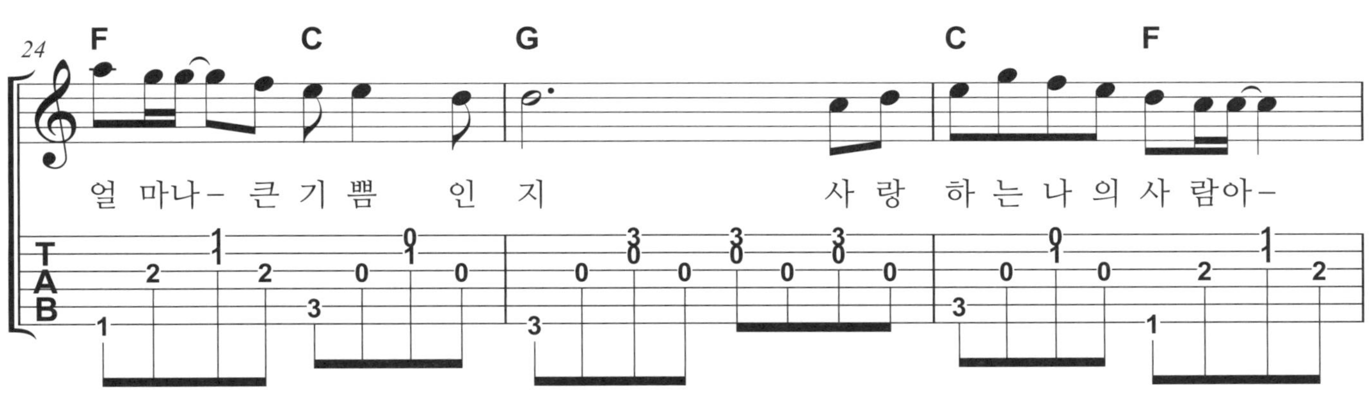

C F G C F G Am
그대위해- 되고싶 어-- 오 늘 처럼- 우리 함께있음-이 내겐

F C G C F
얼 마나- 큰 기쁨 인 지 사랑 하는 나 의 사 람아-
G Am F G C
너 는아 니 - 워 -- 워 이런나 의 마 음을-

서른 즈음에

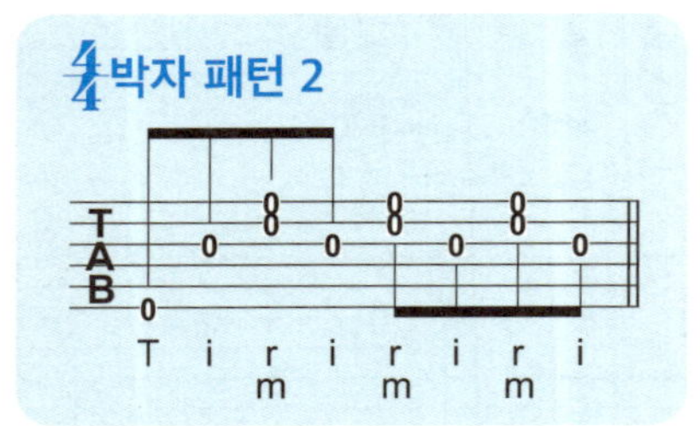

4/4박자 패턴 2

T
A
B
T i r i r i r i
m m m

● 충분히 연습한 후에 4/4박자 패턴 1로 연주해 보세요.

강승원 작사
강승원 작곡
김광석 노래

Capo : 2fr

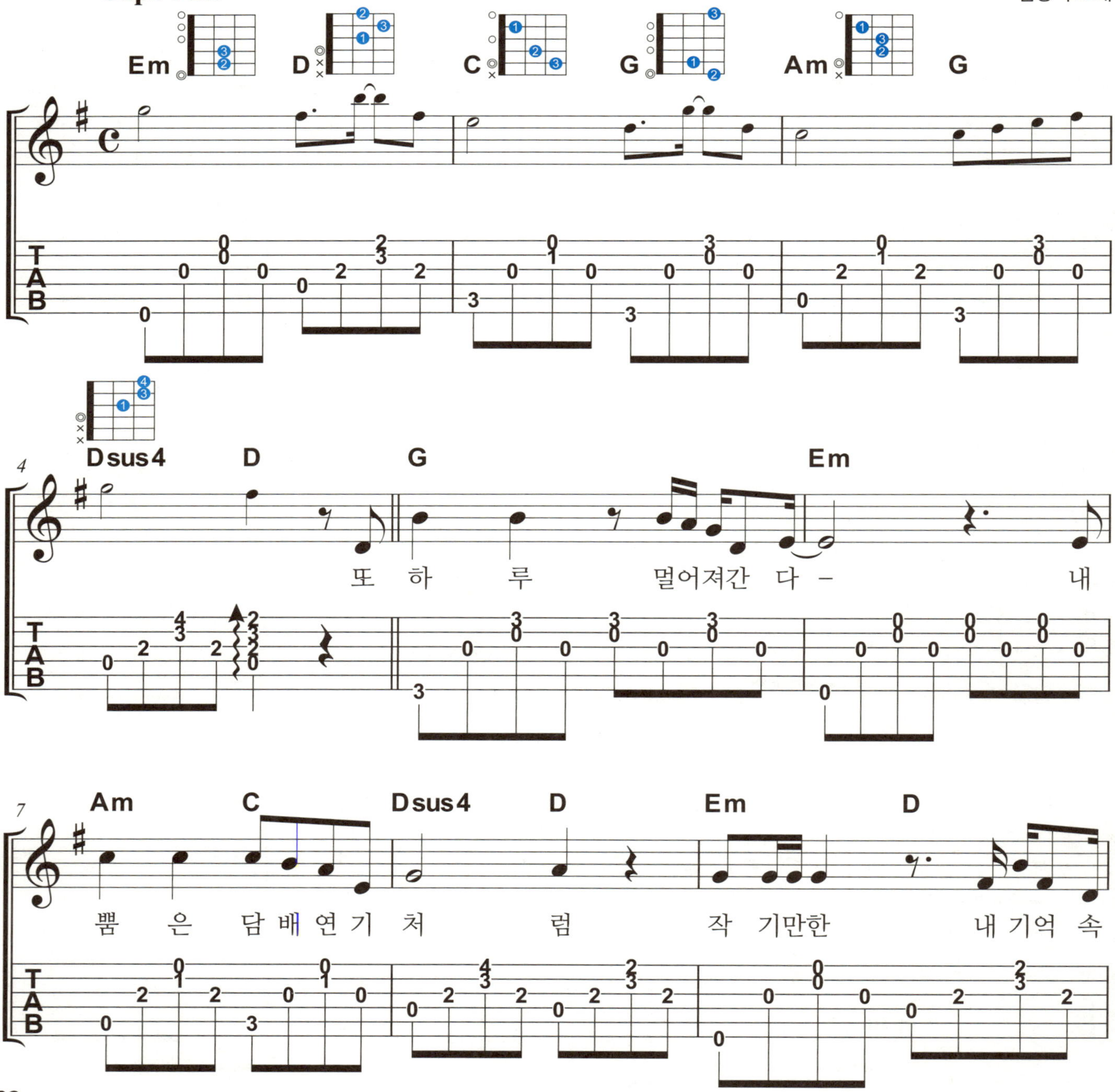
Em D C G Am G
Dsus4 D G Em
또 하 루 멀어져간 다 – 내
Am C Dsus4 D Em D
뿜 은 담 배 연 기 처 럼 작 기만한 내 기억 속

10
C G Am C Dsus4 D
에 무 얼 –채워 살 고 – 있는 지 점

13
G Em Am C
점 더 멀어져 간 다 머 물 러있 는 청 춘인– 줄

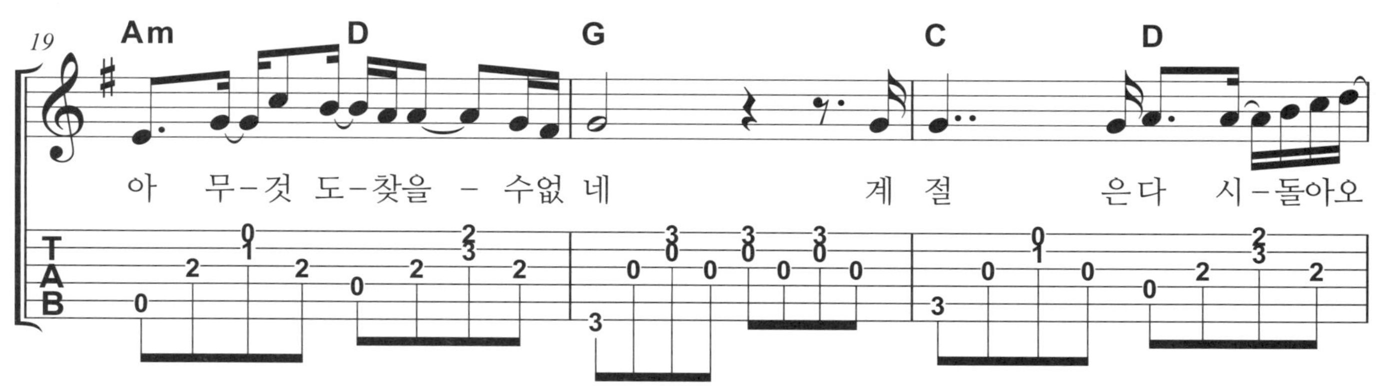

16
D Em D C G
알 았 는 데 비어가는 내 가슴 속 엔 더

19
Am D G C D
아 무–것 도–찾을 – 수없 네 계 절 은다 시–돌아오

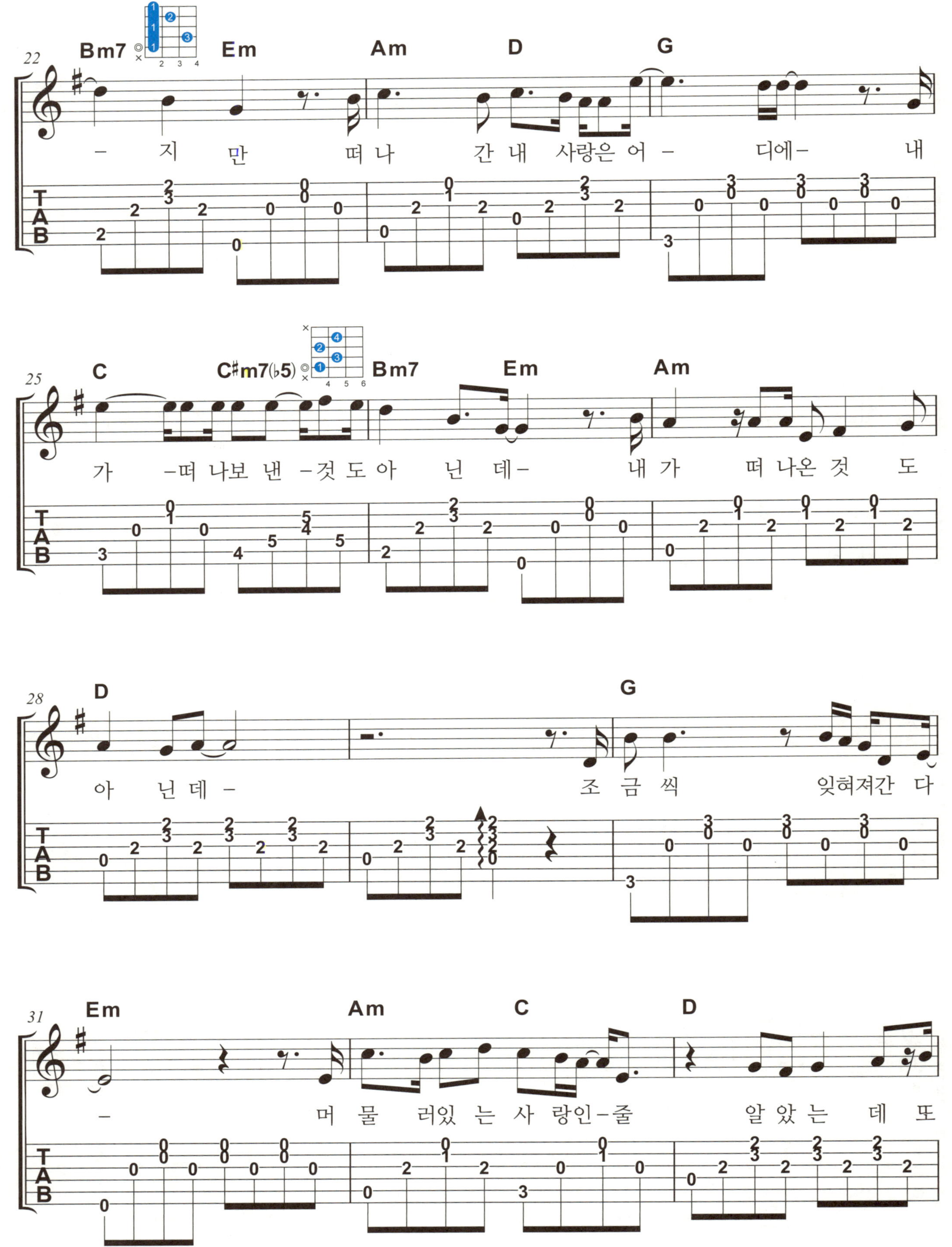

Bm7 Em Am D G
－지 만 떠 나 간 내 사랑은 어 － 디에－ 내
C C#m7(♭5) Bm7 Em Am
가 －떠 나보 낸 －것 도아 닌 데－ 내 가 떠 나온 것 도
D G
아 닌 데－ 조 금 씩 잊혀져간 다
Em Am C D
－ 머 물 러있 는 사 랑인－줄 알 았 는 데 또

135

주저하는 연인들을 위해

박자 패턴 2
잔나비 JH 작사
잔나비 JJ, 잔나비 YH, 잔나비 JH, 잔나비 DH 작곡
잔나비 노래
Capo : 3fr

G
Bm   C   Cm   G
Cm   Bm   E   Am
D   G   Bm
나 는   읽기쉬운
맘 이야-   당 신 도   쓱 훑고 가 셔요
달 랠 길없 는-   외로 운 마음-있 지-   머물다 가 셔요
음- - -   내 게   긴여운을남 겨 줘요   사 랑

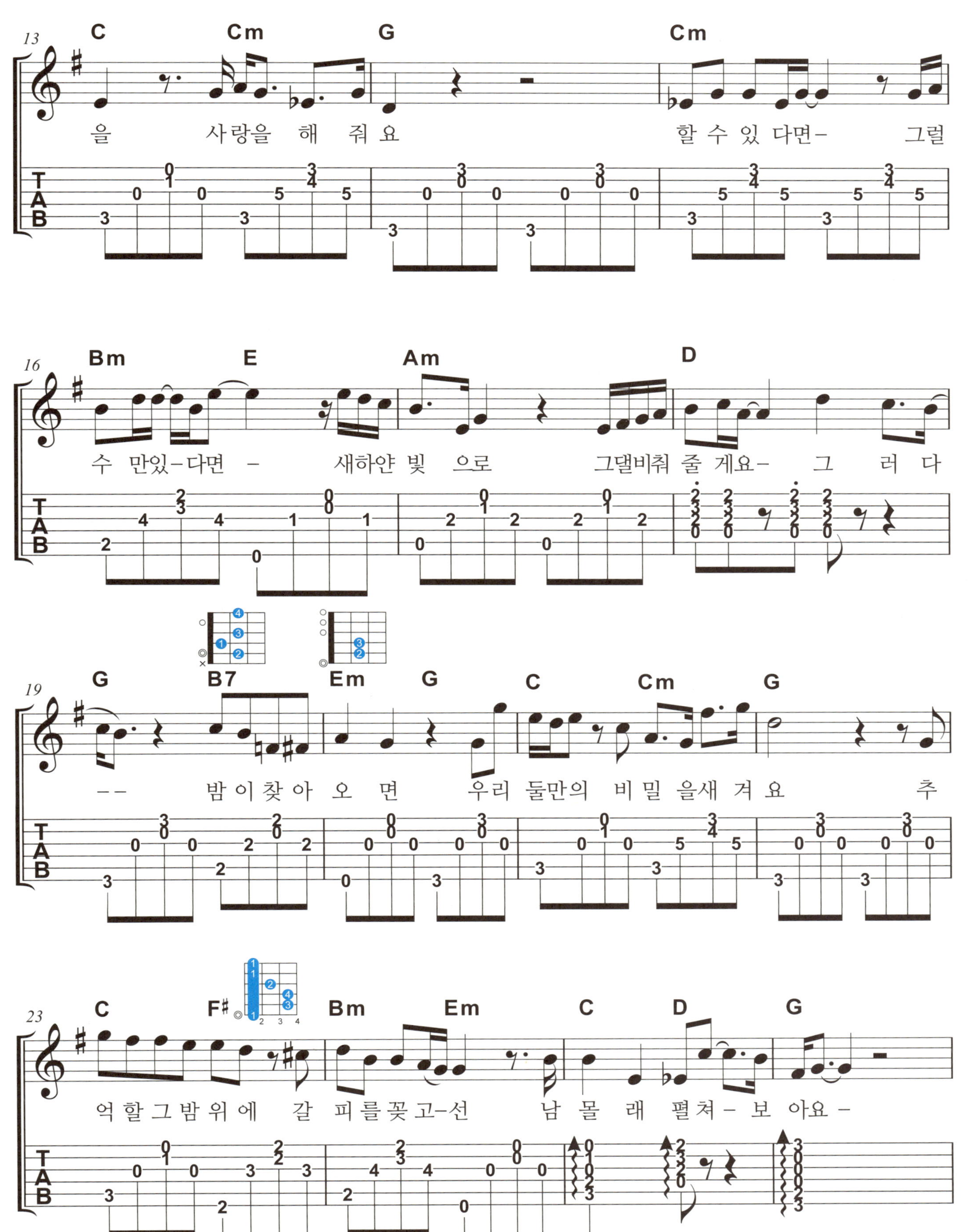

13
C   Cm   G   Cm
을   사랑을 해 줘요   할 수 있 다면-   그럴

16
Bm   E   Am   D
수 만있-다면 -   새하얀 빛 으로   그댈비춰 줄 게요-   그 러 다

19
G   B7   Em   G   C   Cm   G
- -   밤 이찾아 오 면   우리 둘만의 비밀 을새 겨 요   추

23
C   F#   Bm   Em   C   D   G
억할 그밤 위에   갈 피를꽂고-선   남 몰 래 펼쳐- 보 아요-

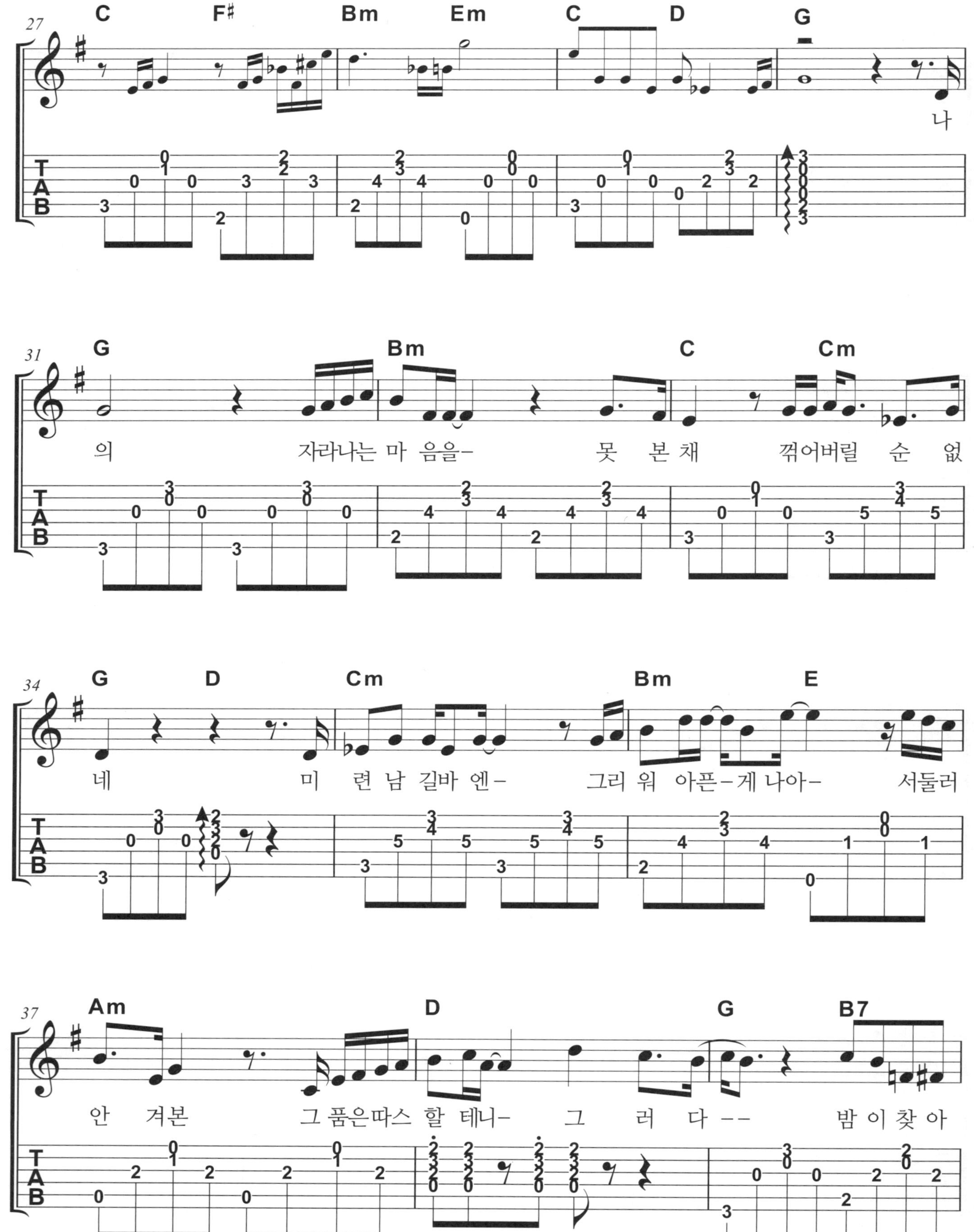

나
의
자라나는 마 음을- 못 본 채 꺾어버릴 순 없
네
미 련 남 길바 엔- 그리 워 아픈-게 나아- 서둘러
안 겨본 그 품은따스 할 테니- 그 러 다 - - 밤 이찾아

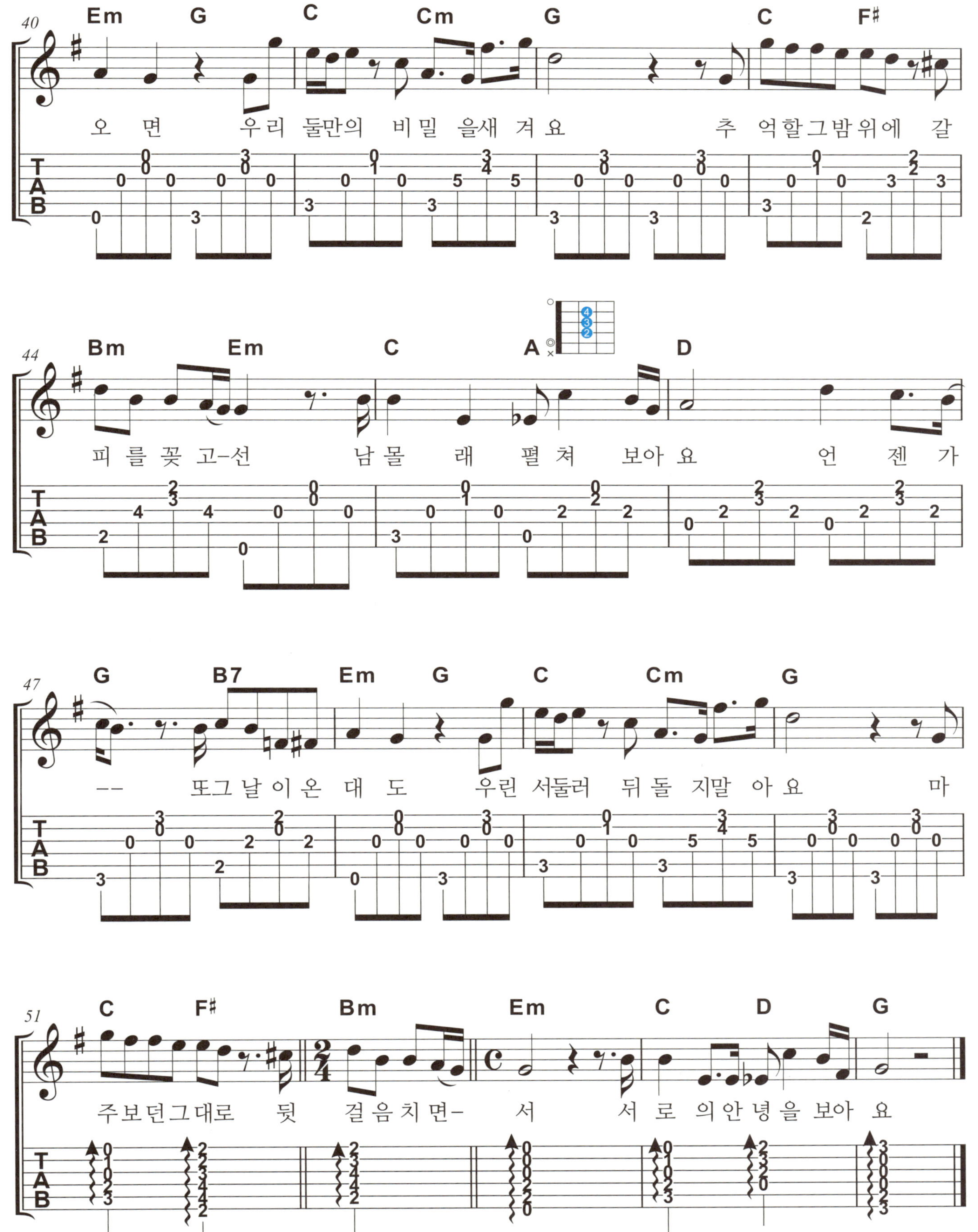

오 면 우리 둘만의 비밀 을새 겨요 추 억할그밤위에 갈
피를꽂고-선 남몰 래 펼쳐 보아 요 언 젠 가
-- 또그날이온 대 도 우린 서둘러 뒤돌 지말 아 요 마
주보던그대로 뒷 걸음치면-서 서 로 의안녕을 보아 요

그대만 있다면

4/4박자 패턴 2

● 충분히 연습한 후에 4/4박자 패턴 1로 연주해 보세요.

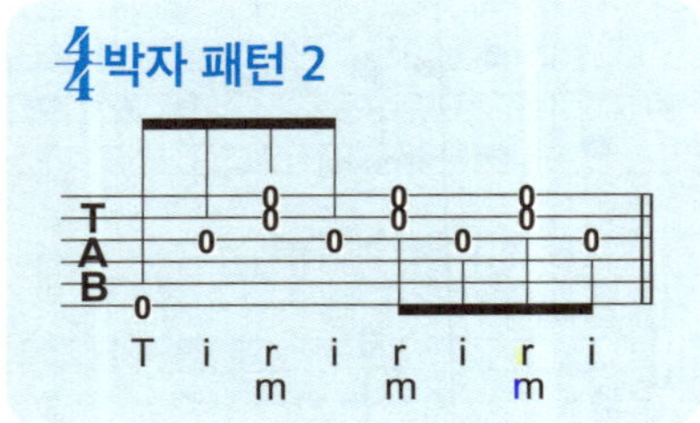

강현민 작사
강현민 작곡
너드커넥션 노래

Capo : 2fr

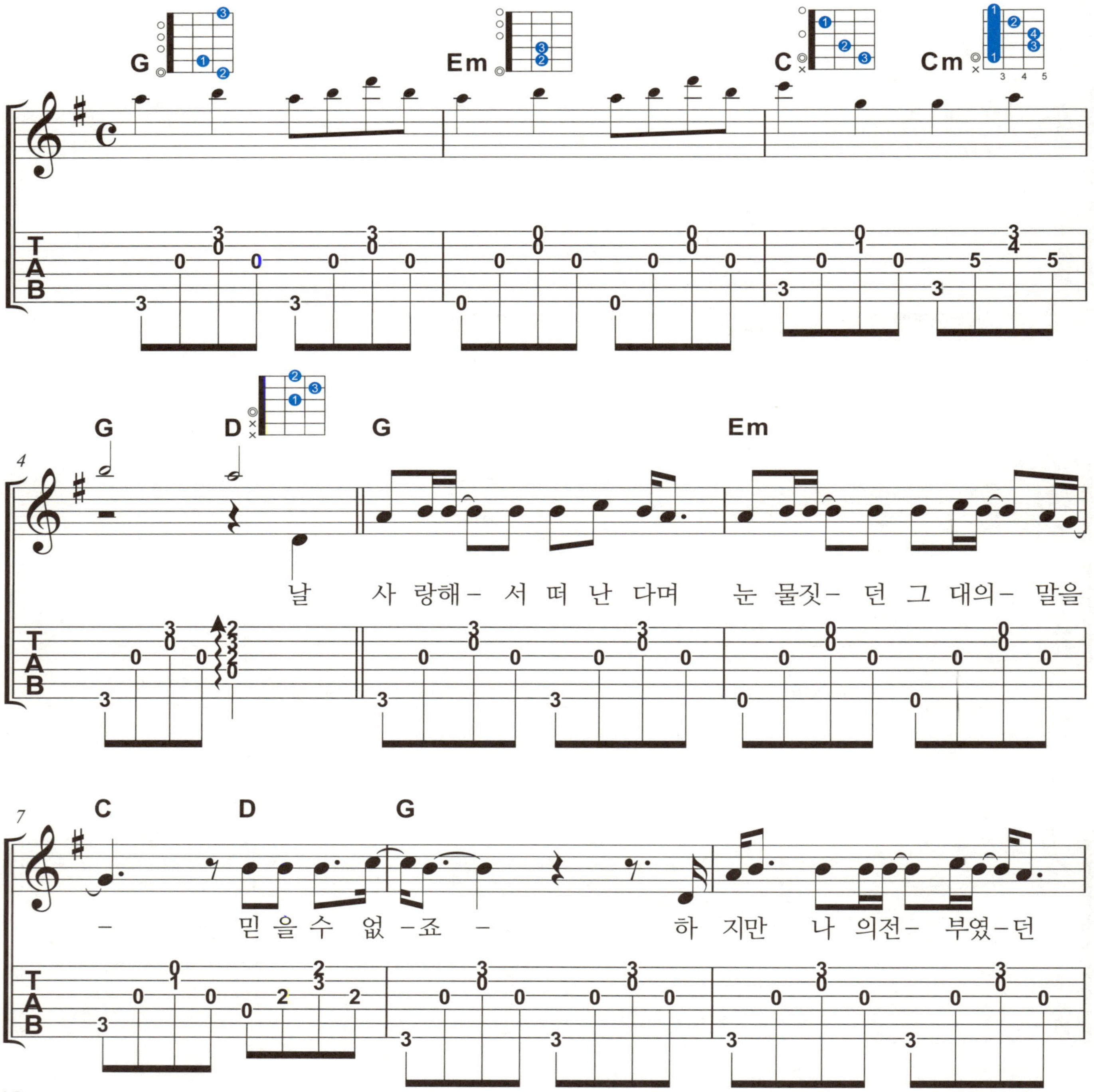

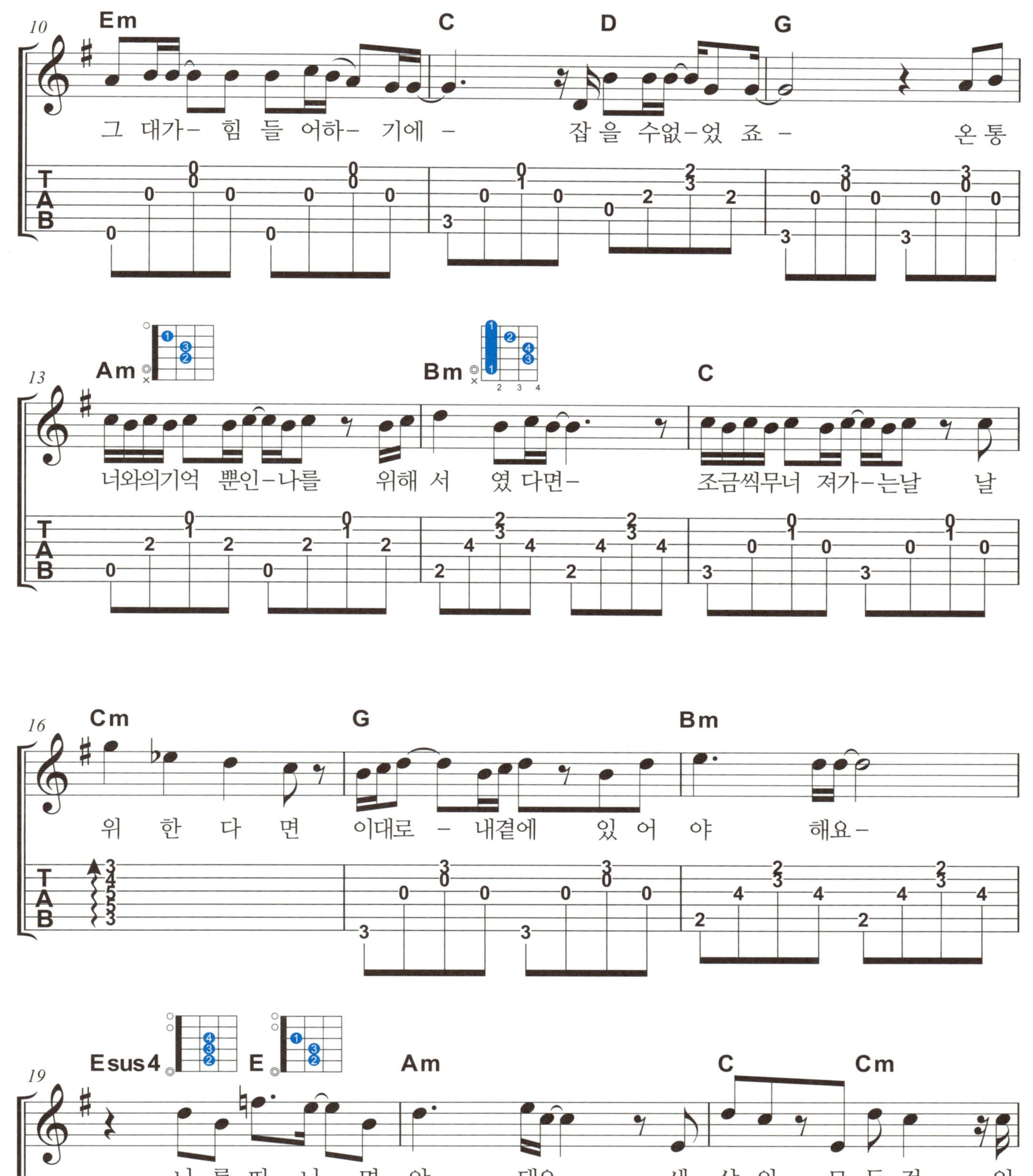

Em   C   D   G
그 대가- 힘 들 어하- 기에 -   잡 을 수없-었 죠 -   온 통
Am   Bm   C
너와의기억 뿐인-나를   위해 서   였 다면-   조금씩무너 져가-는날   날
Cm   G   Bm
위 한 다 면   이대로 - 내곁에   있 어 야   해요-
Esus4   E   Am   C   Cm
나 를 떠 나-면 안   돼요-   세 상 의 모 든걸   잃

어 도 괜 찮 아 요 그 대 만있 다면- 그 대 만있 다면
- 함 께웃- 던 시 간 들을 함 께했- 던 약 속 들을
지금 또- 영원 히- 기 억 하겠 어 요 다 시한- 번 -생 각 해요
무 엇이- 날 위 한 건 지 그대는 - 알 고있- 어요 -

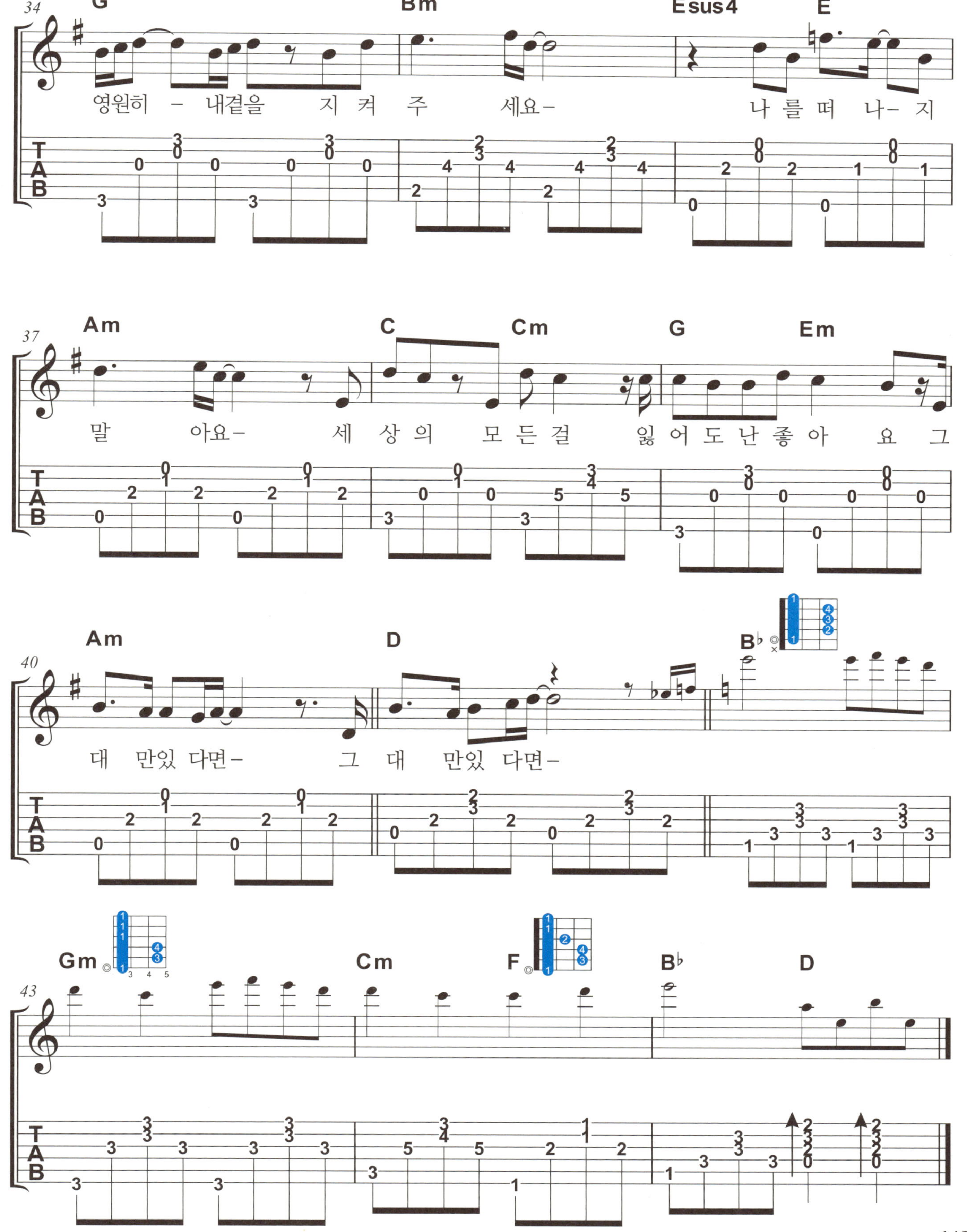
34
G
Bm
Esus4
E
영원히 - 내곁을 지켜 주 세요- 나를떠 나-지
37
Am
C
Cm
G
Em
말 아요- 세 상의 모든걸 잃어도난좋아 요 그
40
Am
D
B♭
대 만있 다면- 그 대 만있 다면-
Gm
Cm
F
B♭
D
43

어느 60대 노부부 이야기

4/4박자 패턴 2

김목경 작사
김목경 작곡
김광석 노래

● 충분히 연습한 후에 4/4박자 패턴 1로 연주해 보세요.

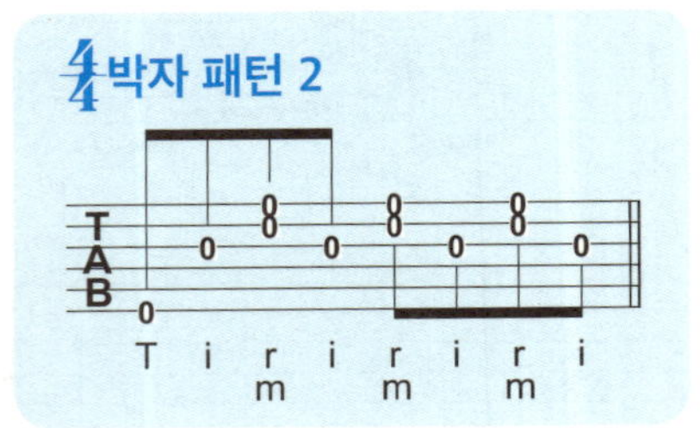

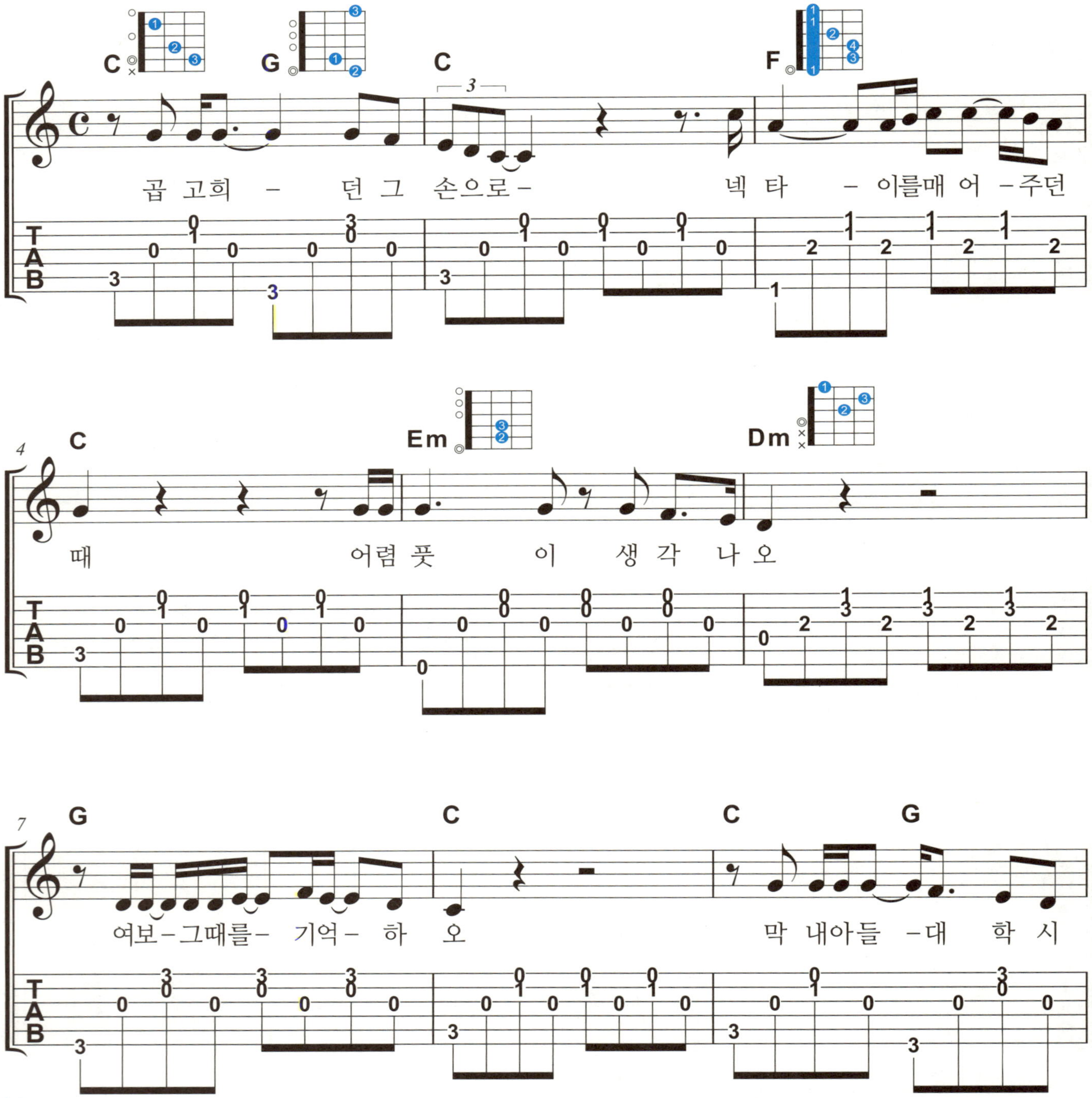

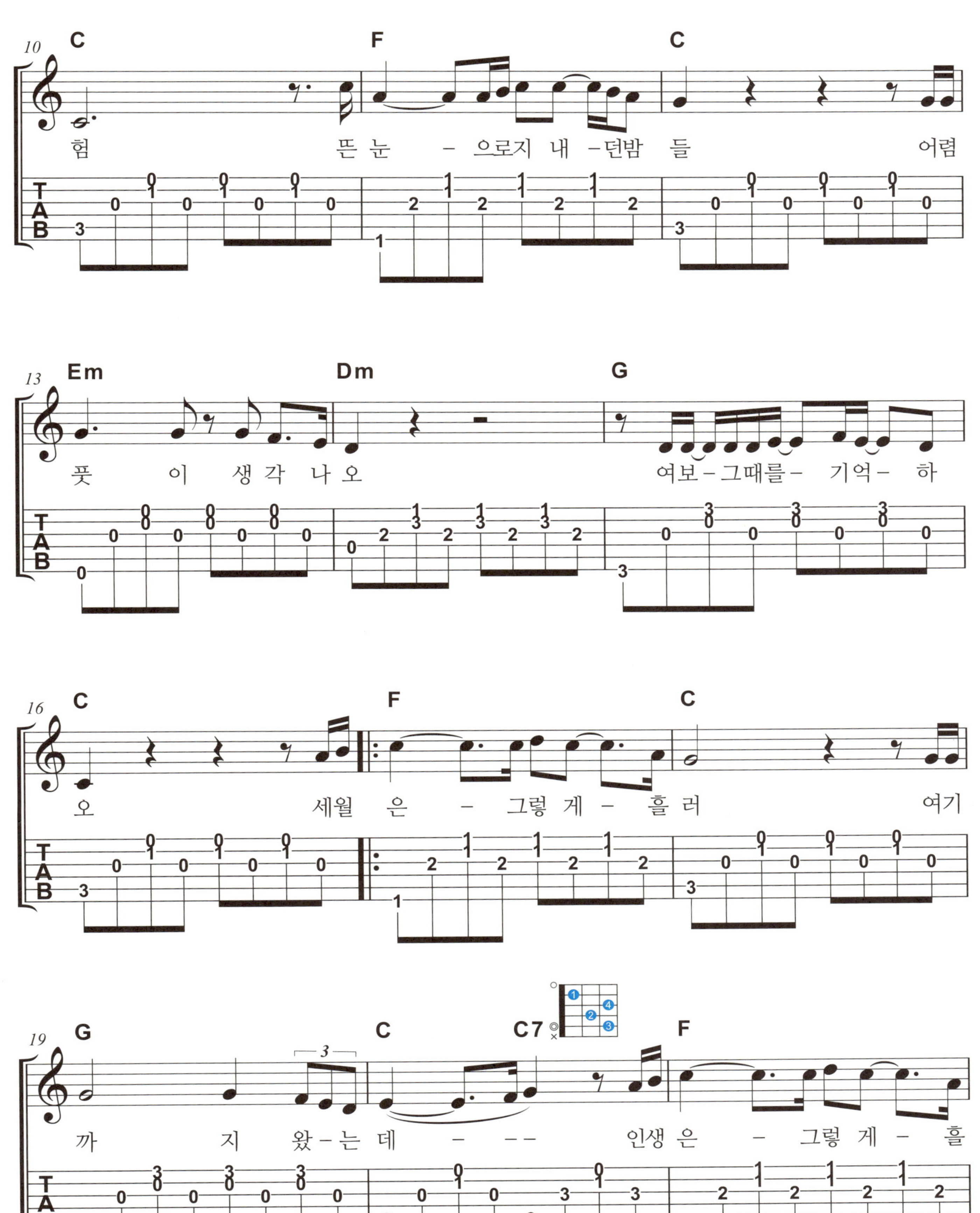

10
C
F
C
힘
뜬 눈 - 으로지 내 -던밤 들
어렴
13
Em
Dm
G
풋 이 생각 나 오
여보-그때를- 기억- 하
16
C
F
C
오
세월 은 - 그렇게 - 흘러
여기
19
G
C
C7
F
까 지 왔-는 데 - - - 인생 은 - 그렇게 - 흘

러
황 혼에 – 기 우– 는 데
큰 딸아이 – 결혼 식 날
다 시못올 – 그먼 길 을
흘 리 던 눈물 – 방울
어 찌 혼 자가 – 려하
이
오
이제 는
여기 날
모 두 말 라
홀 로 두 고
여보 – 그눈물을 기억 – 하 오
여보 – 왜한마디 말이 – 없 소
세 월이 – – 흘러 감

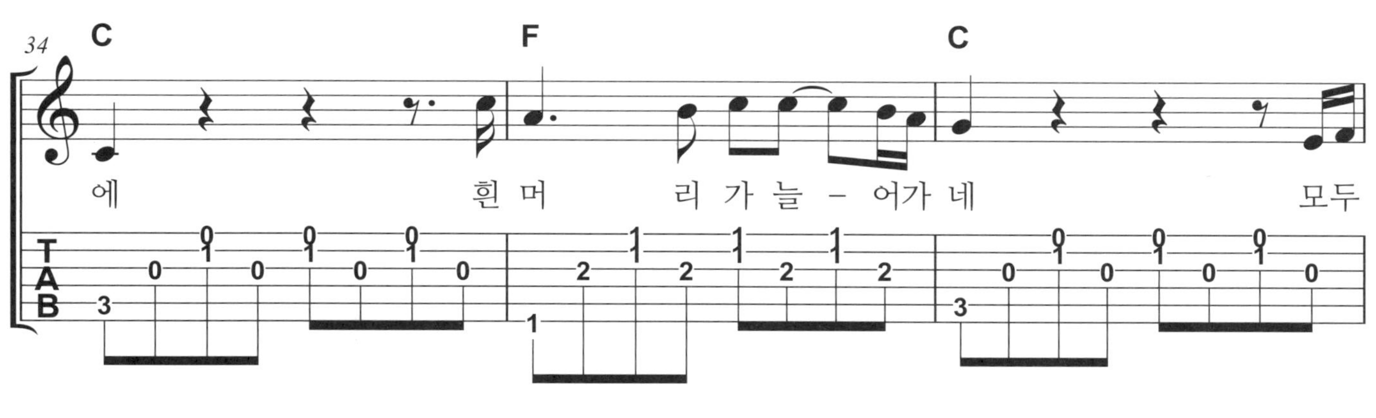

34 C   F   C
에   흰 머 리 가 늘 - 어 가 네   모두

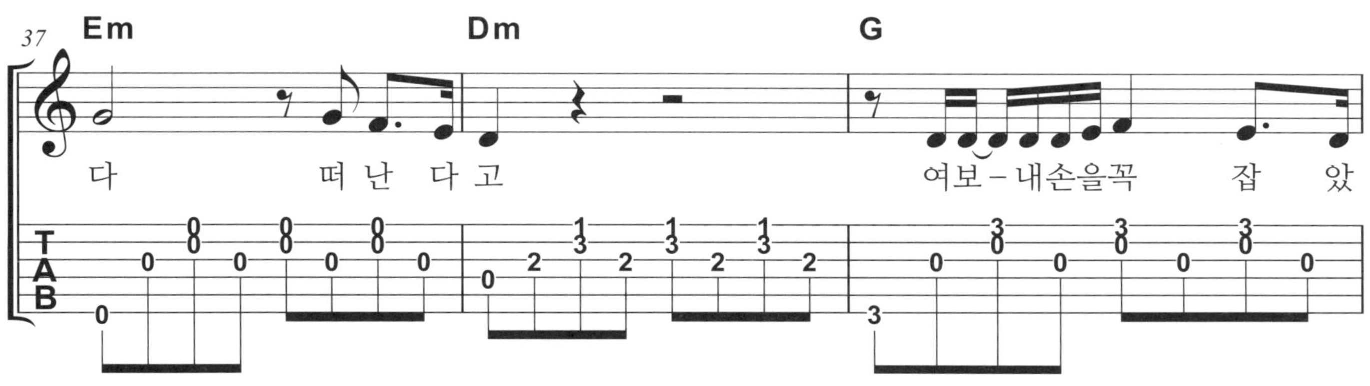

37 Em   Dm   G
다   떠 난 다 고   여보 - 내 손을 꼭   잡 았

40 C   2.G   C
소   세월   여보 - 안녕히 - 잘 - 가 시 게

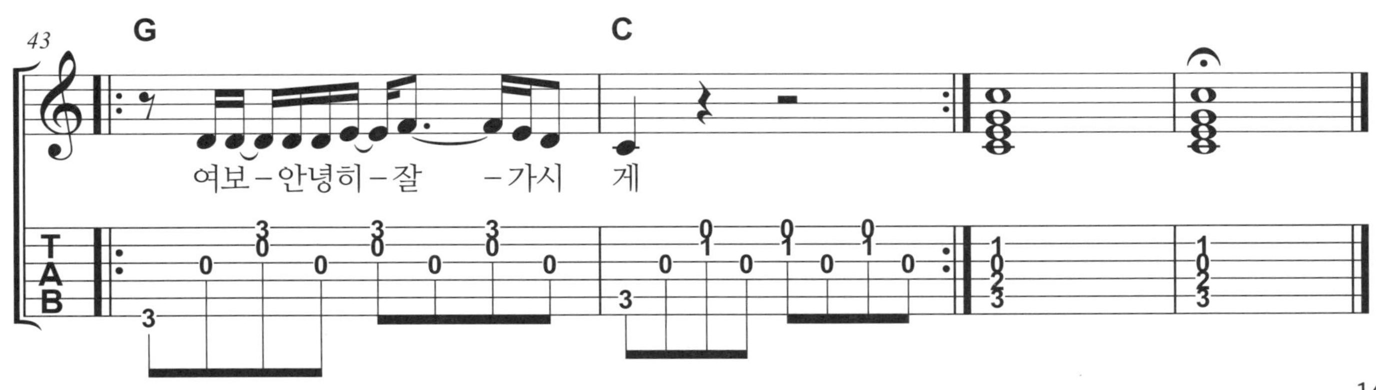

43 G   C
여보 - 안녕히 - 잘 - 가 시 게

4/4박자 패턴 2

T A B
T i r i r i r i
m m m

나는 반딧불

● 충분히 연습한 후에 4/4박자 패턴 1로 연주해 보세요.

정중식 작사
정중식 작곡
황가람 노래

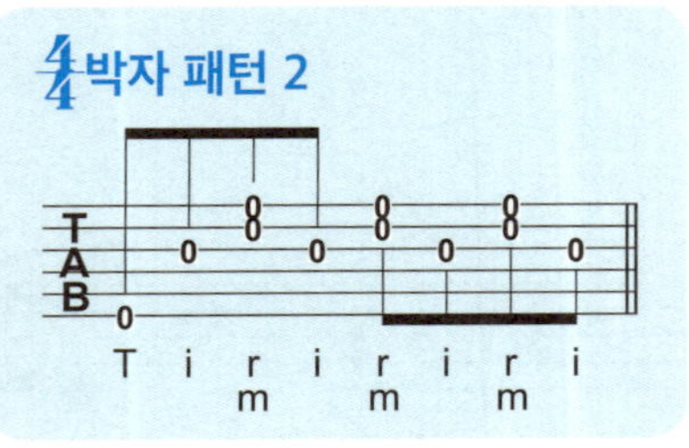

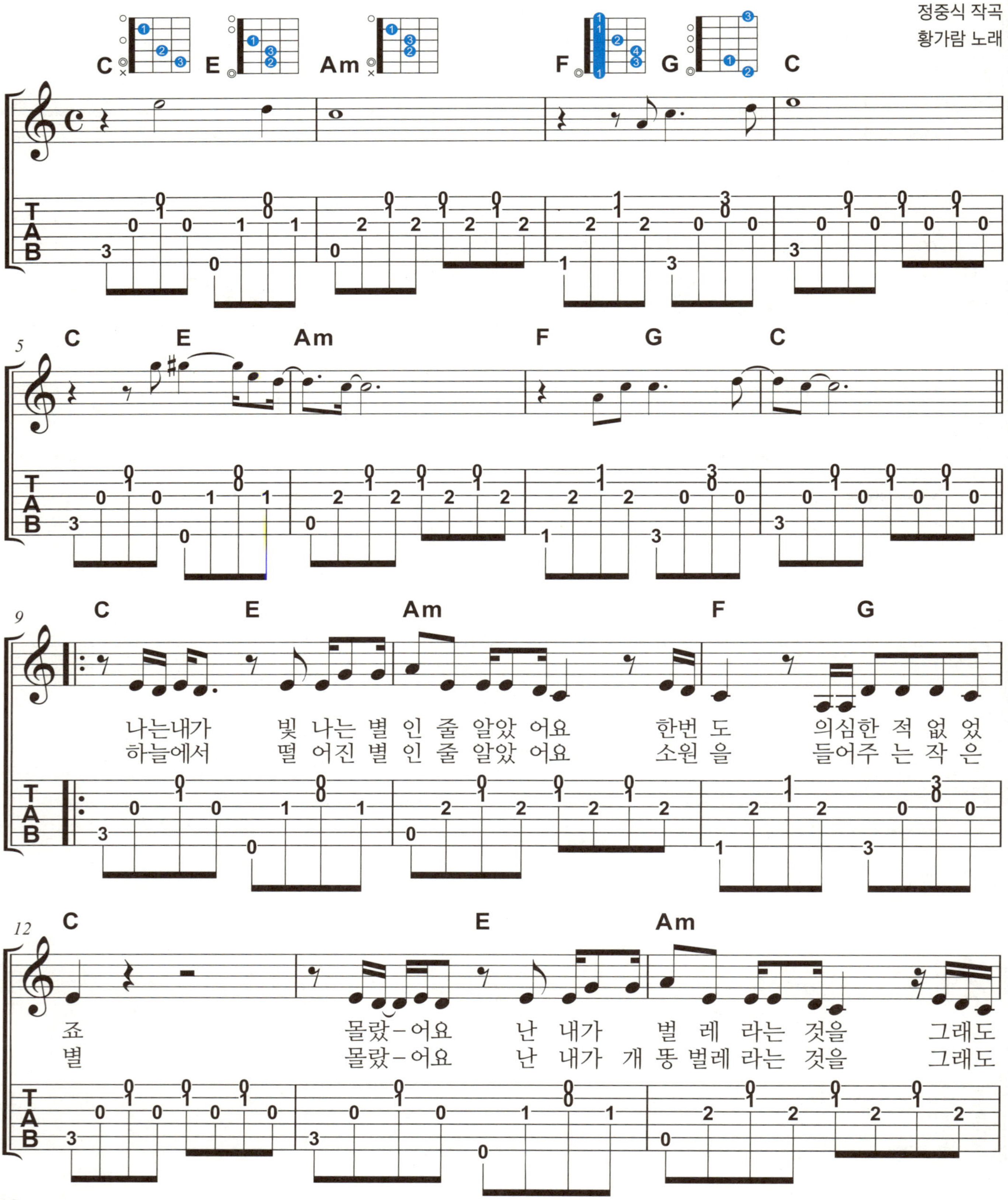
C E Am F G C
C E Am F G C
C E Am F G
나는내가 빛 나는 별 인 줄 알았 어요 한번 도 의심한 적 없 었
하늘에서 떨 어진 별 인 줄 알았 어요 소원 을 들어주 는 작 은
C E Am
죠 몰랐 – 어요 난 내가 벌 레 라는 것을 그래도
별 몰랐 – 어요 난 내가 개 똥 벌레 라는 것을 그래도

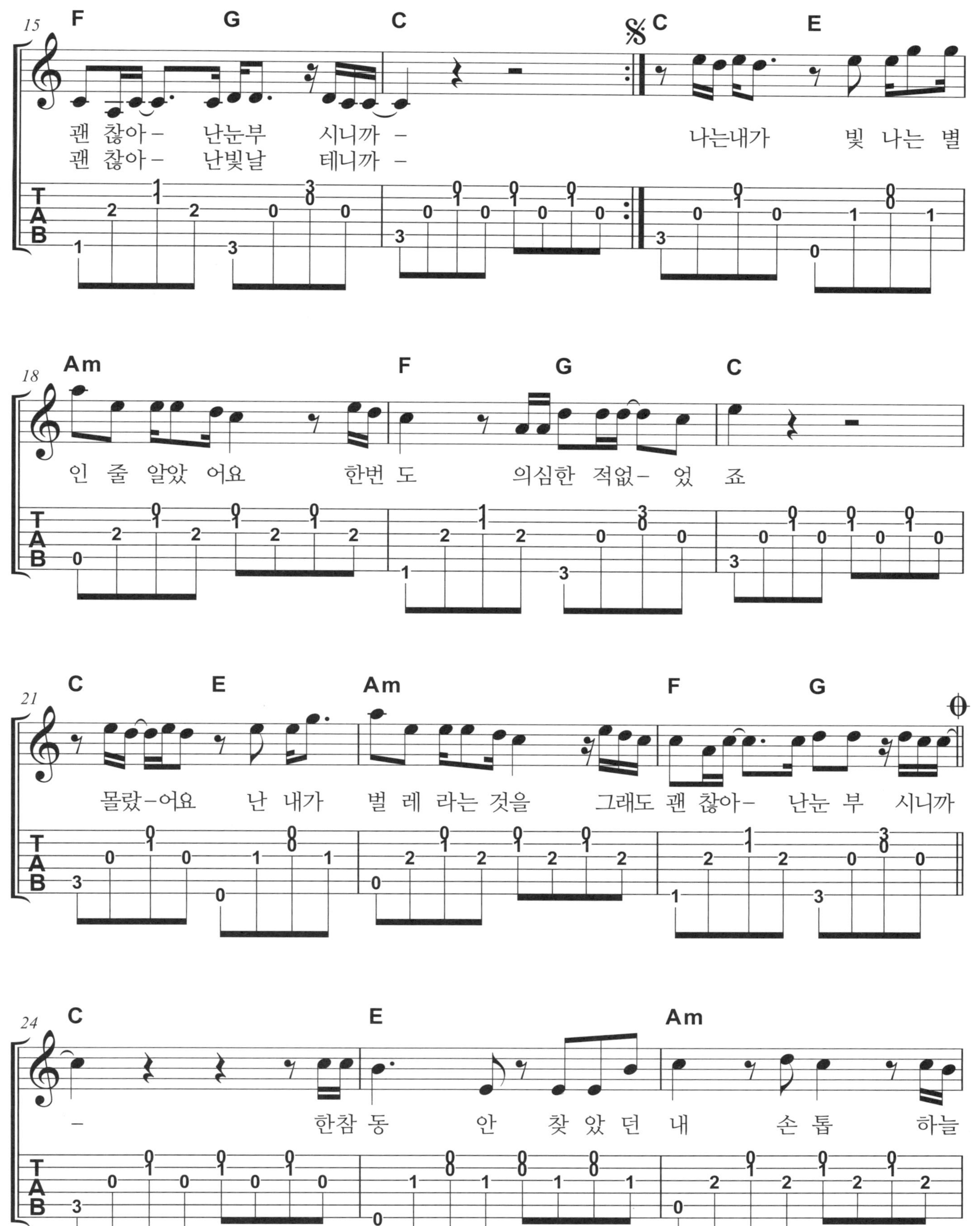

F   G   C   C   E
괜 찮아 – 난눈부 시니까 –
괜 찮아 – 난빛날 테니까 –
나는내가 빛 나는 별

Am   F   G   C
인 줄 알았 어요 한번 도 의심한 적없– 었 죠

C   E   Am   F   G
몰랐–어요 난 내가 벌 레 라는 것을 그래도 괜 찮아– 난눈 부 시니까

C   E   Am
– 한참 동 안 찾았 던 내 손 톱 하늘

F   G   E
로 올라가ー 초 승 달 돼버 렸지 주워 담을 수도 없게ー 너무

Am   F   G
멀 리 갔죠 누가 저기 걸ー어났 어 누가 저기 걸ー어났 어 우주

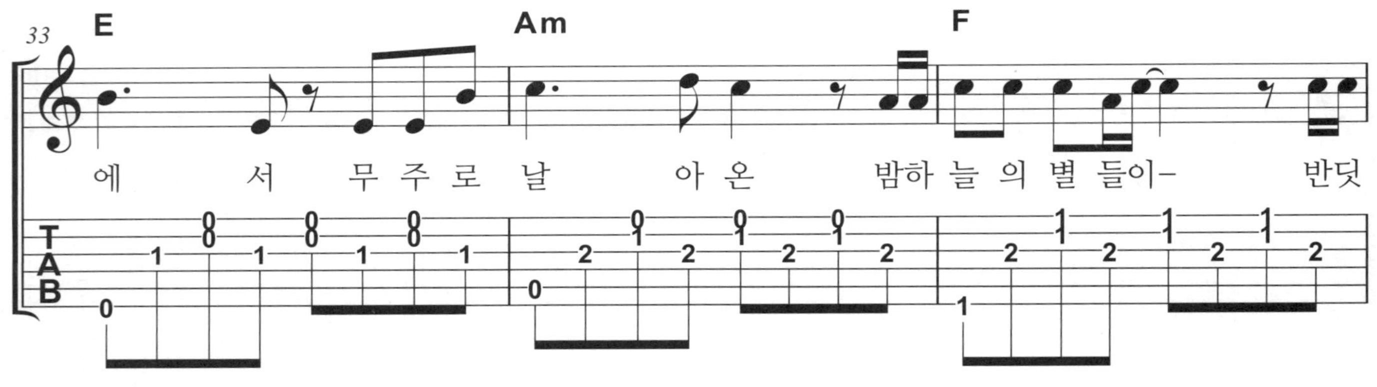

E   Am   F
에 서 무 주 로 날 아 온 밤하 늘 의 별 들이ー 반딧

G   E   Am
불 이 돼버 렸지 내가널 만 난 것 처럼ー 마치약 속 한 것 처럼ー 나는

다 시 태어 났지   나는 다 시 태어 났지
D.S. al Coda
ㅡ   하늘에서   떨 어진 별 인 줄 알았 어요   소원
을   들어주 는 ㅡ작은 별   몰랐ㅡ어요   난 내가 개
똥 벌레 라는것을ㅡ   그래도 괜 찮아ㅡ 난빛날   테니까 ㅡ
rit.

④ 퍼커시브

퍼커시브 주법은 컷팅 주법과 마찬가지로 연주를 더욱 리드미컬하게 만들어주는 주법입니다.
컷팅 주법은 피크로 연주했지만, 퍼커시브 주법은 피크 없이 손가락으로 줄을 퉁겨 연주할 때
사용합니다. 퍼커시브 주법을 연주할 때 오른손의 자세는 아르페지오 자세와 동일하며, 그대로
줄 툭 때리듯 쳐서 줄이 프렛에 부딪히는 마찰음을 만들어 냅니다.

줄 때기리 전

줄 때린 후

● 퍼커시브 주법의 악보 표기

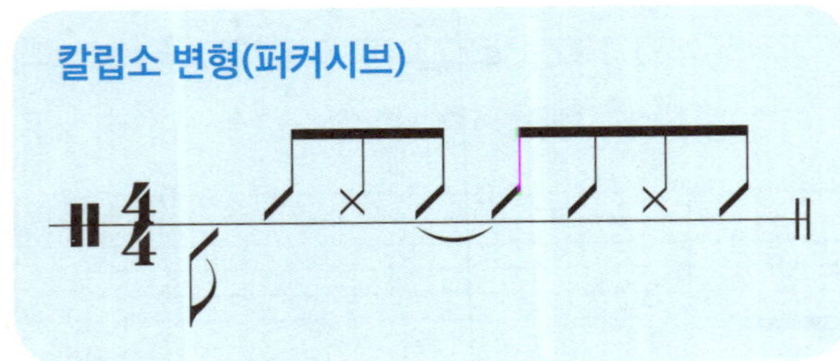

퍼커시브 주법은 엄지손가락으로 치는 저음 줄과
검지, 중지, 약지 손가락으로 치는 고음 줄을
리듬악보에 음표를 위&아래로 나누어 표기하고
컷팅과 동일하게 음표의 머리를 ×로 표기합니다.
타브 악보에서는 숫자 대신 ×로 표기하여 퍼커시브
주법을 나타냅니다.

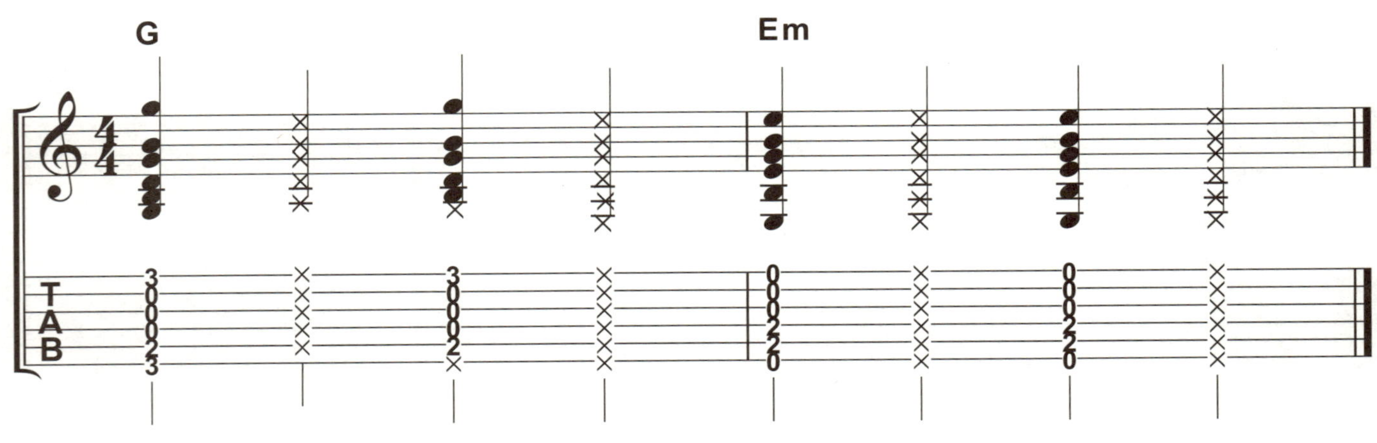

● 퍼커시브 주법 응용연습

퍼커시브 주법을 칼립소 주법에 응용해서 연습해 보겠습니다.

칼립소 변형 리듬에 퍼커시브 주법을 추가하면, 부드러우면서 리드미컬한 리듬을 만들 수 있으며 퍼커시브 주법은 컷팅과 동일한 위치에 들어가게 됩니다.

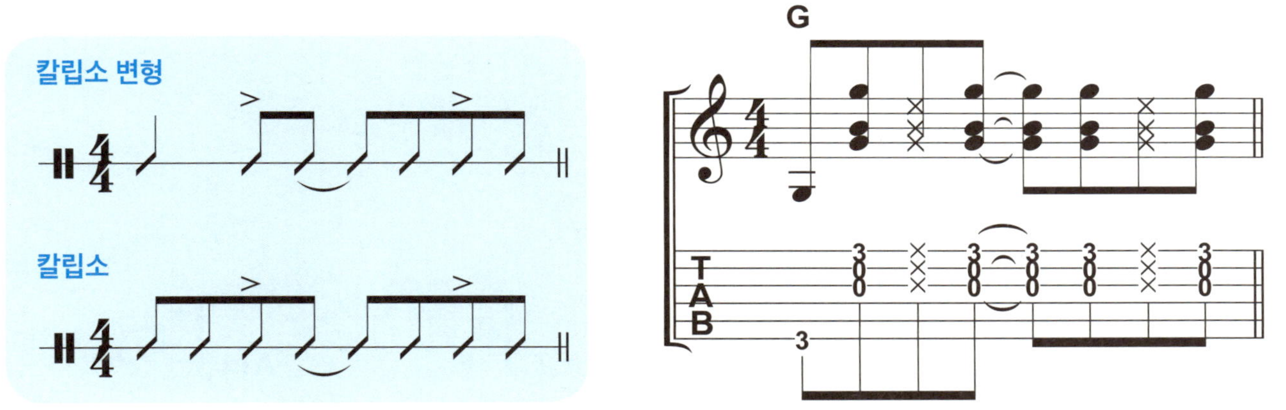

천천히 연습해 보세요.

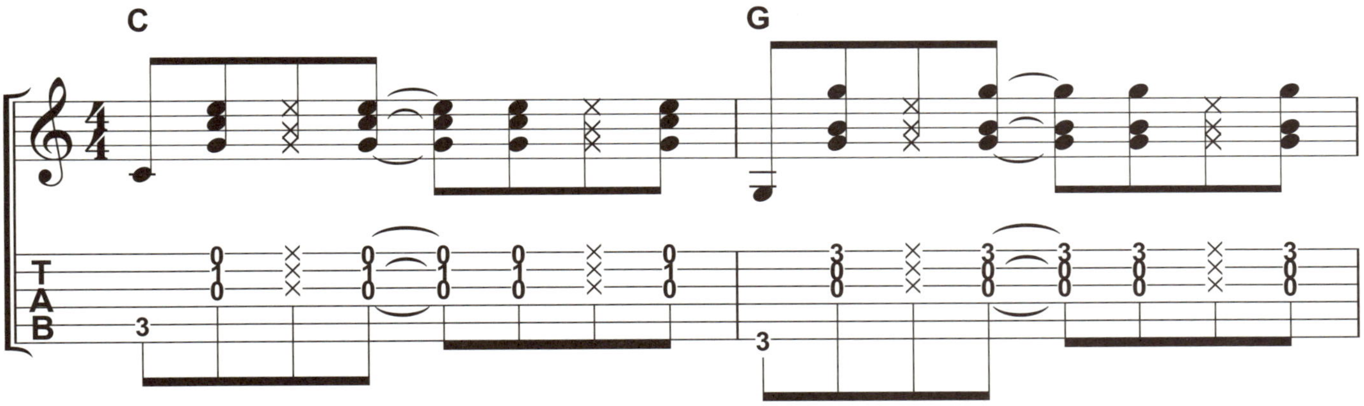

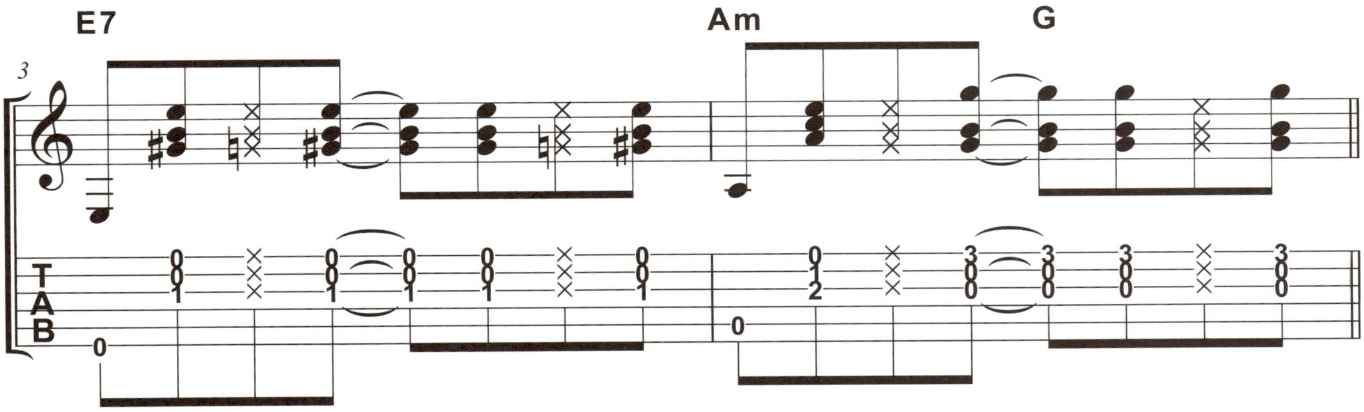

비오는 거리

김신우 작사
김신우 작곡
이승훈 노래

21 F C Am Dm G
는비에 너의마음도 울고있다면 - - - 하-
25 C G E7 Am Am7
다시내게돌아와줘 - 기다리는나에게로 - 그
29 F C A7 Dm G
언젠가늦-은듯뛰-어와미-소짓던 - 모습으로 - 하-
33 C G E7 Am Am7
사랑한건너뿐이야 - - 꿈을꾼건아니었-어 -
37 F C Am Dm G C
너만이차-가운 이비를 멈출- 수-있- 는걸 -
41 G Am Em
44 F C A7 Dm G

그대 내 맘에 들어오면은

칼립소 변형(퍼커시브)
조덕배 작사
조덕배 작곡
조덕배 노래
Capo : 2fr
Am
Dm
G
C
E7
다가가면 - 뒤돌아 뛰어가고 - 쳐다보면 - 하늘만 바라보고 - 내맘을
모르는지 - 알면서 그러는지 - 시간만자 - 꾸자꾸 흘러가네 -
스쳐가듯 - 내곁을 지나가도 - 돌 - 아서서 - 모른척 하려해도 -
내마음에 - 강 - 물처럼 - 흘러가는 - 그대는 무지갠가 -
뛰어 갈텐데 - 훨 - 훨 날 아갈 - 텐 데 - - 그

21
F
Dm
E7
Am
－대 내맘 에－ 들－어오－면은 － － －

25
Am
Dm
E7
아 이 처럼뛰어가지않아 도－ 나비따라떠나가지

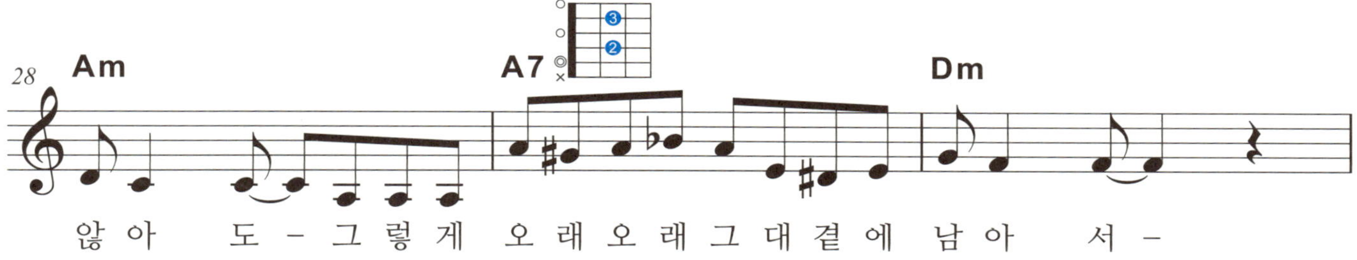

28
Am
A7
Dm
않아 도－그렇게오래오래그대곁에남아 서－

31
E7
Am
3
강물처럼그대곁에흐르리－ 뛰 어갈－텐데

34
Dm
G
C
－ － 날－ 아갈－텐 데 － － －

37
F
Dm
E7
Am
그 대 내맘 에－ 들－어 오 면은 － － －

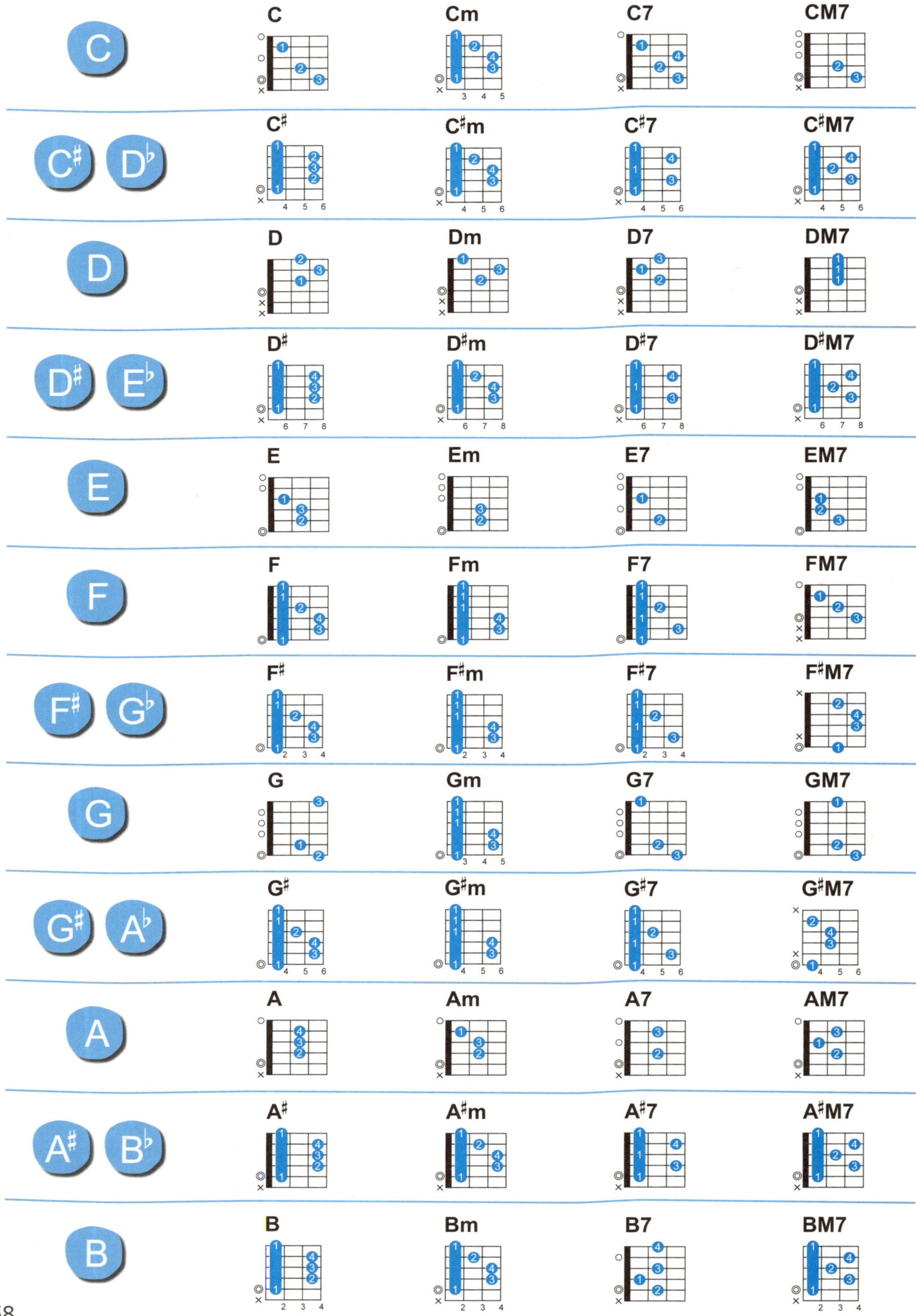

Cm7
Cdim7
Cm7(♭5)
Caug
Csus4
C
C♯m7
C♯dim7
C♯m7(♭5)
C♯aug
C♯sus4
C♯ D♭
Dm7
Ddim7
Dm7(♭5)
Daug
Dsus4
D
D♯m7
D♯dim7
D♯m7(♭5)
D♯aug
D♯sus4
D♯ E♭
Em7
Edim7
Em7(♭5)
Eaug
Esus4
E
Fm7
Fdim7
Fm7(♭5)
Faug
Fsus4
F
F♯m7
F♯dim7
F♯m7(♭5)
F♯aug
F♯sus4
F♯ G♭
Gm7
Gdim7
Gm7(♭5)
Gaug
Gsus4
G
G♯m7
G♯dim7
G♯m7(♭5)
G♯aug
G♯sus4
G♯ A♭
Am7
Adim7
Am7(♭5)
Aaug
Asus4
A
A♯m7
A♯dim7
A♯m7(♭5)
A♯aug
A♯sus4
A♯ B♭
Bm7
Bdim7
Bm7(♭5)
Baug
Bsus4
B

김기덕

김포대학 실용음악과 기타전공 졸업

실용음악학원 운영

걸포청소년락페스티벌, 김포문화예술제 등 라이브 및 녹음세션

응답하라1988OST 우쿨렐레연주곡집 편저자

전국 음악학원장대상 우쿨렐레 세미나

서울시/경기도 내 문화센터 강의

초/중/고등학교 우쿨렐레 강의

광고음악 감독

쉬운 EASY 김쌤이 알려주는
통기타에 올인하다

발행일 2025년 9월 5일
발행인 남　용
편　저 김기덕
발행처 일신서적출판사
주　소 서울시 마포구 독막로 31길 7
등　록 1969년 9월 12일 (No. 10-70)
전　화 (02) 703-3001~5 (영업부)
　　　　 (02) 703-3006~8 (편집부)
F A X (02) 703-3009
I S B N 978-89-366-2913-7 (93670)